W0293886

DIEU NE JOUE PAS AUX DÉS

DU MÊME AUTEUR

PHYSIOLOGIE ET BIOLOGIE DU SYSTÈME NERVEUX VÉGÉTATIF AU SERVICE DE LA CHIRURGIE, G. Doin & Cie, 1950.

L'ANESTHÉSIE FACILITÉE PAR LES SYNERGIES MÉDICAMENTEUSES, Masson & Cie, 1951.

RÉACTION ORGANIQUE À L'AGRESSION ET CHOC, Masson & Cie, 1952, 2e éd. 1954.

RÉSISTANCE ET SOUMISSION EN PHYSIOLOGIE. L'HIBERNATION ARTIFICIELLE, Coll. « Évolution des sciences », Masson & Cie, 1954.

PRATIQUE DE L'HIBERNOTHÉRAPIE EN CHIRURGIE ET EN MÉDECINE, en collaboration avec P. Huguenard, Masson & Cie, 1954.

EXCITABILITÉ NEURO-MUSCULAIRE EN ÉQUILIBRE IONIQUE, en collaboration avec G. Laborit, Masson, 1955.

LE DELIRIUM TREMENS, en collaboration avec R. Coirault, Masson & Cie, 1956.

BASES PHYSIO-BIOLOGIQUES ET PRINCIPES GÉNÉRAUX DE RÉANIMATION, Masson & Cie, 1958.

* LES DESTINS DE LA VIE ET DE L'HOMME. CONTROVERSES PAR LETTRES SUR DES THÈMES BIOLOGIQUES, en collaboration avec P. Morand, Masson & Cie, 1959.

PHYSIOLOGIE HUMAINE, CELLULAIRE ET ORGANIQUE, Masson & Cie, 1961.

DU SOLEIL À L'HOMME, Masson & Cie, 1963.

LES RÉGULATIONS MÉTABOLIQUES. ASPECTS THÉORIQUE, EXPÉRIMENTAL, PHARMACOLOGIQUE ET THÉRAPEUTIQUE. Masson & Cie, 1965.

* BIOLOGIE ET STRUCTURE, Coll. « Idées », Gallimard, 1968.

* L'HOMME IMAGINANT. ESSAI DE BIOLOGIE POLITIQUE, Union générale d'éditions, Coll. 10-18, 1970.

NEUROPHYSIOLOGIE. ASPECTS MÉTABOLIQUES ET PHARMACOLOGIQUES, Masson & Cie, 1969.

LES COMPORTEMENTS, BIOLOGIE, PHYSIOLOGIE, PHARMACOLOGIE, Masson & Cie, 1973.

* SOCIÉTÉ INFORMATIONNELLE. IDÉES POUR L'AUTOGESTION, Coll. « Objectifs », Éditions du Cerf, 1973.

* L'AGRESSIVITÉ DÉTOURNÉE. INTRODUCTION À UNE BIOLOGIE DU COMPORTEMENT SOCIAL, Union générale d'éditions, Coll. 10-18, 1970.

* ÉLOGE DE LA FUITE, R. Laffont, 1976.

* L'HOMME ET LA VILLE, Flammarion, 1972.

LA NOUVELLE GRILLE, Coll. « Libertés », R. Laffont, 1974.

* DISCOURS SANS MÉTHODE, en collaboration avec F. Jeanson, Stock, 1978.

L'INHIBITION DE L'ACTION. BIOLOGIE, PHYSIOLOGIE, PSYCHOLOGIE, SOCIOLOGIE, Masson & Cie, et Presses universitaires de Montréal, 1979.

* COPERNIC N'Y A PAS CHANGÉ GRAND-CHOSE, R. Laffont, 1980.

Éditeur de la revue *Agressologie* chez S.P.E.I. et Masson & Cie, *Revue internationale de physio-biologie et de pharmacologie appliquées aux effets des agressions* (de 1959 à 1983).

* En collaboration avec Fabrice Rouleau : L'ALCHIMIE DE LA DÉCOUVERTE, Grasset, 1982.

* LA COLOMBE ASSASSINÉE, Grasset, 1983.

N.B. Les titres précédés d'un * sont des ouvrages de philosophie scientifique de grande diffusion.

HENRI LABORIT

DIEU NE JOUE PAS AUX DÉS

BERNARD GRASSET
PARIS

Tous droits de traduction, de reproduction et d'adaptation
réservés pour tous pays.

© *Éditions Grasset & Fasquelle, 1987.*

SOMMAIRE

PRÉFACE

Mais de quoi se mêle-t-il celui-là ? Puisqu'on le dit biologiste, quand il parle de biologie, encore que ses idées soient bien souvent discutables, et que l'on puisse ne pas toujours être d'accord avec elles (formule fréquente dans les analyses d'ouvrages), on peut lui reconnaître une certaine crédibilité. En effet, ses idées ont débouché parfois sur des réalisations pratiques non dénuées d'intérêt. Mais quand il se mêle de physique des particules et de cosmologie, alors là, non, c'est trop!

Merci Reeves, merci Heidmann, merci Silk et Barrow, et merci à tous les auteurs de « revues générales », de *Science, Nature* et autres grandes revues scientifiques, merci à *la Recherche* aussi, merci à tous ceux qui savent exprimer, dans des termes compréhensibles pour ce qu'il est convenu d'appeler des amateurs cultivés, l'essentiel du contenu de leurs disciplines. Mais pourquoi le font-ils ? C'est peut-être pour que nous nous en servions. C'est ce que j'ai tenté de faire dans cet ouvrage, en pensant que ma propre discipline avait aussi son mot à dire dans cette interdisciplinarité à la mode. Je n'ai fait dans ce livre aucune tentative de diffusion biologique, ayant déjà fourni cet effort dans de nombreux ouvrages depuis trente ans. La vision d'un biologiste n'est pas celle d'un mathématicien, d'un physicien ou d'un astrophysicien. Elle est plus terre à terre, c'est le cas de le dire, puisqu'elle ne peut parler que de ce monde du vivant, perdu sur une planète isolée, dans une immensité que, même avec des chiffres, l'imagination se refuse à concevoir. Mais c'est avec un cerveau bien vivant que nous pensons tous, quelle que soit notre discipline, et c'est avec lui que nous avons, depuis quelques décennies, découvert une structure plus fine de la matière qui, curieusement, nous a fait remonter à l'origine de cet univers où nous sommes inclus et le concevoir différemment. Et puis, j'aurai l'occasion de le redire, ce n'est pas tant pour vous que pour moi que j'ai essayé de mettre un peu d'ordre dans mes idées et que j'ai osé pénétrer dans des domaines qui, lorsqu'on leur enlève leurs étiquettes, sont aussi bien les vôtres, les leurs, que les miens, puisque nous y vivons.

Si vous accordez le droit depuis longtemps aux physiciens de faire de la métaphysique, accordez pour une fois à un biologiste de faire de la métabiologie.

***

Les physiciens et les astrophysiciens nous offrent une vue tous les jours plus riche et souvent plus cohérente de l'univers. Le monde du vivant, inclus dans cet univers, ne pourrait pas, en principe, se connaître, car enfermé dans un système autoréférentiel, dont il ne peut sortir qu'en entrant dans un métasystème où tout serait à recommencer. C'est peut-être pourquoi la notion de niveaux d'organisation qui constitue la trame de tout cet ouvrage, et qui permet d'établir un modèle efficace du monde physique – des particules élémentaires aux superamas de galaxies –, n'a peut-être pas la même signification dans le monde du vivant où je l'ai tout d'abord rencontrée. Les systèmes vivants qui aboutissent au cerveau humain semblent un bourgeonnement très localisé dans le temps et l'espace de l'univers physique. Les niveaux d'organisation qui se sont entassés en lui avec une rapidité incroyable à l'échelle cosmique n'ont sans doute pas la même signification que ceux que l'on observe dans le monde physique d'où pourtant les êtres vivants sont sortis. Entre l'infiniment petit et l'infiniment grand semble pointer le plus en plus complexe.

Et cette complexité pourrait provenir du fait qu'il y a sans doute un plus grand nombre de niveaux d'organisation, avec chacun sa structure propre, dans un seul homme, qu'il n'y en a dans l'univers tout entier.

Mais que sommes-nous venus faire, avec les autres, dans cet univers ? Essayons donc de comprendre en sachant au départ que probablement, nous n'y comprendrons rien.

INTRODUCTION

Il y a quelques mois j'ai reçu l'ouvrage d'un écrivain, une femme, Marie-Louise Labiste, experte en langue hébraïque, et qui avait pour titre : *Traité de la connaissance ou la Kabbale retrouvée* [1]. Il était accompagné d'une dédicace chaleureuse. Ma lettre de remerciements reçut en réponse une lettre explicative m'apprenant que Dominique Aubier (Marie-Louise Labiste) avait lu tous mes livres de large diffusion (mais, bien que kabbaliste, pas ceux par trop ésotériques pour un non-initié) et que dès 1963 à la lecture de *Du soleil à l'homme* [2], elle avait constaté que j'avais découvert le « secret des secrets », le secret de la Kabbale. Depuis nous nous sommes rencontrés et j'ai été conquis par la culture extrêmement variée de cet écrivain aussi bien sur le plan scientifique que littéraire et historique.

Je dirai pourquoi plus loin, le secret des secrets

1. M.-L. Labiste, *Traité de la connaissance ou la Kabbale retrouvée*, tome I : « Le secret des secrets », Éditions Universitaires, 1985.
2. H. Laborit, *Du soleil à l'homme*, Éditions Masson, 1963.

pour elle semble bien être en réalité la notion de ce que j'appelle depuis trente ans « niveaux d'organisation », et j'ai réalisé la difficulté qu'avaient rencontrée dans ce cas les kabbalistes à se faire comprendre si j'en juge par celle que j'ai moi-même rencontrée, bien que m'exprimant dans un langage contemporain accessible à tous.

Sur ce, je me suis précipité sur l'*Encyclopaedia Universalis* au chapitre « Kabbale ». Je ne puis dire que j'ai été plus renseigné sur cette « Kabbale » (littéralement « tradition »), en apprenant que l'un des instruments providentiels de la connaissance mystique est la Torah, manifestation écrite de la sagesse divine, qui ne peut cependant s'exprimer en langage humain, l'autre instrument étant la langue hébraïque qui refléterait la matière spirituelle de l'univers. L'historique de la Kabbale de la période talmudique à la Kabbale chrétienne, l'histoire des différents courants qu'elle emprunte, de même que les innombrables noms de ceux qui l'ont interprétée ainsi que les titres de leurs écrits, ne m'ont pas révélé la leçon qu'elle comporte, par ignorance sans doute de la langue hébraïque puisque celle-ci est un des instruments de cette connaissance.

C'est ainsi que, bien que flatté puisque Dominique Aubier, hébraïsante, a pu découvrir dans mes écrits, depuis longtemps déjà, l'inspiration kabbaliste, je me limiterai dans cet ouvrage à décrire, maladroitement sans doute, avec des mots, des mots dont je me méfie, l'approche, pour un chercheur de la fin de ce XXe siècle, de la compréhension aveugle qu'il a du monde. Celle-ci n'est que le reflet de ses lectures, de ce qu'il a pu retenir de l'approche des autres, et de celle que sa profession lui a donnée. A quel niveau se situe cette source interprétative nouvelle qu'apporte la biologie encore balbutiante ? En quoi s'accorde-t-elle aux autres croyances antérieurement élaborées ? Quelle suspicion jette-t-elle sur elles et sur elle-même ?

***

Une feuille blanche, un stylo. Qu'est-ce qui peut bien pousser à altérer l'avenir ouvert de la première, avec le présent noirci du second, présent devenant aussitôt un passé figé, révolu ? Pour quelle raison réduire, dans les deux dimensions de la feuille, le volume des idées ?

Si j'en juge par le nombre de manuscrits que je reçois presque chaque semaine, nos contemporains sont anxieux, incapables d'agir efficacement dans leur quotidien, et trouvent dans l'écriture un moyen d'agir, de faire quelque chose susceptible, pensent-ils, d'influencer les autres au mieux de leur intérêt. Ils voudraient faire partager leur mal-être, ils voudraient être entendus, trop ligotés par leur culture pour devenir terroristes ou suicidaires. Ils pensent avoir un message original à transmettre et attendent une réponse dans ce monde dit de la communication où l'on ne communique plus finalement qu'avec soi-même. Ils se trouvent spirituellement beaux, aimables, et regrettent que l'on ne s'intéresse pas suffisamment à eux. Est-ce que ce sont là des raisons suffisantes pour écrire ?

Depuis quelques années, on s'est aperçu que les deux hémisphères cérébraux sont spécialisés dans un style différent de connaissances. Chez les droitiers, les plus nombreux, l'hémisphère gauche travaille sur un mode logique et analytique pour lequel les mots sont un outil précieux (cet hémisphère contient d'ailleurs les zones corticales du langage), le droit sur un mode global, comportemental, particulièrement efficace dans les relations spatiales et musicales. L'hémisphère droit utiliserait donc un mode non verbal de représentation, images visuelles, tactiles, auditives ou kinesthésiques et des associations non linéaires. Il résout les problèmes par convergence de facteurs multiples, non par chaîne causale. Il envisage les concepts dans leur ensemble, non analytiquement. Il n'utilise pas les mots pour construire des propositions, alors que l'hémisphère gauche est celui du langage, des mathématiques, de l'analyse. C'est l'hémisphère cartésien, pourrait-on dire, le droit étant alors l'hémisphère mystique. Ce dernier serait celui du volume, l'autre du plan.

Mais, à notre époque où ces malheureux hémisphères sont bombardés journellement par un nombre considérable d'informations, le plus souvent contradictoires, l'hémisphère droit se trouve débordé. Le « pifomètre » est de moins en moins utilisable isolément pour orienter l'action, et c'est sans doute le besoin de mettre ces informations en ordre, en épousant l'ordre contraignant de la phrase et la surface du papier, qui constitue la motivation la plus exigeante de l'écriture. Sur le papier, dans la prison des mots, les idées s'ordonnent et se fixent dans le temps. Elles peuvent alors fournir des séquences organisées qui, reprises par l'hémisphère droit grâce aux voies réunissant les deux hémisphères (corps calleux), pourront peut-être enrichir l'appréhension globale que celui-ci réalise de son monde informationnel. C'est du moins là une explication acceptable du besoin d'écrire, autrement difficilement compréhensible. Mais dans ce cas, il s'agit d'une motivation strictement égoïste, un désir de mieux comprendre afin de mieux agir, d'agir plus efficacement.

Il faut noter d'ailleurs que la prédominance de l'hémisphère gauche paraît être largement d'origine culturelle. Chaque hémisphère peut acquérir un « renforcement » du fait des expériences acquises et renouvelées et celui le plus « renforcé » deviendra dominant. Des expérimentateurs ont ainsi proposé que certaines activités de l'hémisphère gauche puissent supprimer certains aspects de celles de l'hémisphère droit ou du moins prévenir l'accès de l'activité de ce dernier à l'hémisphère gauche. Et, dans un monde entièrement orienté vers la production de marchandises, un monde dans lequel les machines remplacent de plus en plus les activités humaines, ce sont évidemment les caractéristiques analytiques, spécialisées, de l'hémisphère gauche qui assureront le mieux la « production sociale » des individus. C'est lui qui deviendra dominant. C'est à lui aussi que nous ferons appel pour nous sécuriser dans l'interprétation de ce monde encombré de valeurs, de préjugés, d'idées toutes faites et c'est à lui que nous aurons recours dans l'écriture.

Mais il ne faut pas croire que l'hémisphère droit va

abandonner aussi facilement ses prérogatives. Ce qu'il est convenable d'appeler la science et les techniques, dont le promoteur est avant tout l'hémisphère gauche, exige sans cesse une globalisation des acquis, globalisation qui devient de plus en plus difficile à mesure que ceux-ci se parcellisent, se multiplient, s'empilent de façon chaotique au fil des générations. Les globalisations les plus efficaces se font ainsi souvent au sein d'une même discipline et, bien qu'indispensables, ne fournissent toujours pas d'interprétation à l'existence humaine. Des essais plus audacieux, transdisciplinaires et multidisciplinaires, font cependant leur apparition. Mais ils paraissent aussitôt suspects aux spécialistes, qui ne voient pas sans appréhension envahir leur territoire, au sein duquel ils ont été récompensés par la notoriété et, grâce aux parchemins, par la reconnaissance sociale de leur dominance. Il faut d'ailleurs reconnaître qu'il est toujours hasardeux de pénétrer dans un domaine sans avoir réalisé l'exploration complète des connaissances momentanées qu'il contient. C'est une raison de plus d'écrire d'abord pour soi et non pour améliorer l'image idéale que l'on voudrait que les autres aient de nous. Et cependant il est toujours utile de savoir ce que les autres pensent de ce que nous pensons, en bien ou en mal, ne serait-ce que pour corriger l'orbite sur laquelle notre destin nous a placé. En ce sens, les critiques sont aussi utiles que les approbations, même si les unes ou les autres ne sont pas toujours justifiées. C'est pourquoi il est intéressant de trouver un éditeur.

Ce que je viens d'écrire permet aussi de comprendre que je n'ai pas eu l'intention, en m'asseyant à mon bureau, de rédiger un ouvrage de vulgarisation. En dehors de certains domaines de la biologie, je me sens essentiellement « vulgaire ». C'est sans doute une des raisons qui font que je ne puis que vulgariser, sans avoir aucun désir de le faire.

***

Le monde de la matière, celui des pierres, des arbres, de leurs feuilles et de leurs branches, celui des bêtes et des hommes, toutes choses que l'on voit, que l'on touche, que l'on sent, que l'on entend, quel est-il ? De quoi est-il fait ? Et ce ciel que, pendant des siècles, les hommes ont cru suspendu à une voûte au-dessus de leurs têtes, tournant avec ses étoiles autour de la terre, d'où vient-il ? Et l'homme au milieu de tout cela, quel est-il ? Si nous tentons de nous mettre à la place des premiers d'entre eux, ce qui est sans doute bien difficile puisque nous ne sommes pas eux, il y a quelque deux millions d'années, plus peut-être, ils eurent d'abord à se conduire comme tous les prédateurs, pour assurer leur nourriture, mais aussi à se défendre contre tout ce qui remplissait leur espace, pour assurer leur survie, comme tout ce qui vivait dans ce même espace devait assurer, contre les autres, sa propre survie. Leur conscience (nous utilisons ce mot qui nécessiterait un long développement pour en préciser, pour nous, le contenu) n'était pas encore meublée de toutes les connaissances que les millénaires suivants accumulèrent, par transmission et accumulation, à travers les générations, grâce aux langages. L'homme primitif chercha un certain ordre à travers le désordre apparent du monde. Un principe de causalité simpliste lui permit d'ordonner dans le temps les choses et les êtres, de fournir un sens à ses actions. Les animaux furent d'ailleurs contraints d'en faire autant. Mais grâce à sa fonction imaginaire, l'homme fournit en plus une raison d'être aux événements pour lesquels il ne découvrait aucun facteur de causalité évident. Il attribua aux choses et aux êtres une conscience et un comportement analogues à ceux qu'il sentait confusément vivre en lui. Une source spirituelle et cachée s'infiltra dans la compréhension du monde, qui lui était nécessaire pour agir avec efficacité et protéger sa vie. Ce monde devint pour lui un vaste espace où tout était vivant, conscient, hostile ou au contraire bienveillant et même favorable, si l'on savait en comprendre le langage, et dialoguer avec lui. Il baignait dans un monde poétique – si l'on croit que la poésie a été falsifiée par la connaissance –, dans un monde auquel il se sentait appartenir, au milieu duquel il se sentait inclus au même titre que les sources, les mers, les rochers et les autres êtres vivants. Il conversait avec eux, croyait en comprendre le langage, mais ne pouvait imaginer qu'ils eussent un pouvoir, bien que différent, supérieur au sien. Il lui fallait trouver, parallèlement à ce monde, un autre monde, source et origine de ces objets et de ces créations plus ou moins semblables à lui, dont il faisait souvent sa nourriture, bien qu'en les respectant, car il avait à les combattre, et ce fut le monde des dieux. Un monde invisible et présent, avec lequel il était préférable d'être d'accord parce que plus puissant que celui des hommes. Pour agir, il avait besoin de lois efficaces. Déçu bien souvent par l'absence de causalité apparente des événements, il imagina donc une autre causalité, il imagina ses lois et tenta de s'y conformer, individuellement et en groupe. Pour protéger sa propre existence, son bien-être, sa survie individuelle et celle du groupe, il dut obéir aux règles de cette causalité nouvelle, celle des dieux, qui devint avec les grandes religions monothéistes, beaucoup plus tard, celle de Dieu. L'angoisse, celle qui résulte de l'impossibilité d'agir efficacement en l'absence de règles, fut alors occultée, par l'application de celles qu'il avait lui-même inventées, celles des dieux.

Trop plongé dans l'absurdité quotidienne de son existence, il fit confiance à certains êtres, que l'ensemble des hommes d'une époque et d'un lieu considéra comme investis d'un pouvoir d'intercession entre les divinités et lui, pour lui fournir ces règles. Mais de même que nous avons soupçonné la connaissance d'avoir tué la poésie, ces êtres prophétiques n'étaient-ils pas parmi ceux, de moins en moins nombreux avec l'élargissement analytique des connaissances, qui étaient restés en communion (en union avec) avec l'ensemble de la création ? Il est probable en effet que l'accumulation des connaissances fut obligatoirement de plus en plus analytique, encouragée par l'efficacité qu'elle conférait aux individus et aux groupes humains dans la réalisation de leur protection et l'amélioration de leurs conditions matérielles d'existence. Mais elle servit aussi à l'établissement des dominances de certains groupes sur d'autres dont l'environnement géoclimatique était plus clément ou au contraire trop difficile pour leur laisser le temps de penser à autre chose qu'à leur survie immédiate. La recherche et accumulation des connaissances concernant le monde de la matière, fruit de l'activité de plus en plus exclusive de l'hémisphère gauche du cerveau humain, par sa rentabilité qui s'exprimait par la physique, les mathématiques et l'ensemble des sciences dites exactes, en arriva à faire croire qu'elle était la faculté essentielle et unique de ce cerveau. L'ignorance des mécanismes de fonctionnement de celui-ci permettait, avec des mots, d'en décrire toutes les activités dans un discours logique permettant, lui, d'excuser tous les crimes réalisés avec des moyens physiques de plus en plus perfectionnés.

Plus récemment, la dissociation contradictoire entre le discours explicatif du bon droit des comportements humains collectifs et le contrôle grandissant et destructeur des hommes sur la biosphère amena certains d'entre eux à remettre en question la valeur de la connaissance scientifique, à se plonger avec moins d'effort dans la contestation de cette science criminelle, favorisant le retour simplificateur aux mythes anciens. La crainte de ce que l'homme ne pouvait ni comprendre ni contrôler avait été à l'origine de ceux-ci. Aujourd'hui, c'est sans doute la crainte encore de ce qu'il ne peut plus contrôler, mais qui résulte de sa propre action sur son environnement matériel et vivant, qui l'oriente à nouveau vers l'interprétation globale et directe, vers l'union avec ce qui le dépasse, vers un tout mystique, un tout auquel il se sent profondément lié, sans langage, sans dissection, sans analyse. L'hémisphère droit regimbe et ne veut plus confier sa destinée aux décisions péremptoires de l'hémisphère gauche, dont il conteste l'intérêt vital. Quand on ne peut plus contrôler la chose, c'est la fuite vers autre chose, qui rend l'espoir, par l'acceptation du non-chosifié. De plus, la civilisation industrielle ayant conduit à l'entassement des hommes dans les gigantesques cités modernes, hommes soumis à un travail parcellaire, répétitif et sécrétant l'ennui, l'espace d'improvisation se rétrécissant et les dépendances s'accroissant chaque jour, les seules fuites furent donc la drogue, tranquillisante ou psychotogène, la névrose ou la psychose, le suicide, dont celui des adolescents s'accroît en nombre de façon inquiétante, ou enfin le retour aux mythes répandus par les multiples sectes souvent exploiteuses et cachant leur intérêt économique sous le masque de la spiritualité.

Enfin, une angoisse qui se cramponne au ventre de tout homme, depuis qu'un être qui lui ressemble est apparu sur la planète, l'angoisse de la mort, demeure toujours présente malgré les efforts faits par les sociétés productivistes pour la faire oublier, car elle risque de diminuer la productivité. Si les moines moyenâgeux en se rencontrant au cours de leur promenade dans leur cloître devaient se dire : « Frère, songe que tu dois mourir », maintenant les jeux du cirque banalisés, la pseudo-liberté des vacances incrustée dans la vie journalière, les divertissements innombrables, du plus banal au plus sophistiqué, tentent de faire oublier que la mort est au bout de cette vie sans signification – autre que de recevoir un salaire pour subsister et acquérir non seulement des biens répondant aux besoins fondamentaux, mais aussi ceux répondant aux besoins acquis, ceux que la publicité fait naître, aussi exigeants maintenant que les premiers. On attendait de la science qu'elle fasse échec à la mort. Cette attente est déçue. Pour certains, la science a pu repousser très loin les limites de l'espace et du temps où l'homme est inclus, mais pour la plupart, ceux dont la représentation du monde ne va guère plus loin que les murs de leur bureau, de leur entreprise ou de leur HLM, l'espace s'est au contraire prodigieusement rétréci. Ils se sentent cloisonnés, aliénés, déboussolés, ne sachant plus devant leurs manettes ou leur ordinateur où se trouve le nord qu'Ulysse, dans la recherche de la route de l'étain, savait repérer grâce à l'étoile Polaire.

Mais curieusement nous verrons que certains physiciens contemporains, cherchant au-delà de leurs particules élémentaires, découvrent ce qu'ils ne sauraient exprimer ni par des mots, ni par les mathématiques, et qui les transporte avec les cosmologies modernes à l'origine de l'univers, jusqu'au temps que l'on ne saurait actuellement dépasser, le temps de Planck. Mais que fait l'homme observateur de cet univers, au sein de cet univers ? Un nouveau mysticisme apparaît chez certains physiciens qui vont chercher leurs sources dans l'hindouisme et les religions d'Extrême-Orient. Leurs motivations inconscientes à parcourir ce chemin sont peut-être du même ordre que celles que nous venons de décrire chez le commun des mortels, et toute recherche scientifique fondamentale n'est-elle pas conduite, sans qu'on le sache toujours, par l'angoisse humaine?

***

Il m'est arrivé d'écrire que le mythe le plus profond de l'espèce humaine était celui de Narcisse, qui, cherchant l'autre, regarde à la surface d'une eau et ne voit jamais que sa propre image. A partir du moment où l'enfant sort de son « moi-tout », en créant, par apprentissage, son schéma corporel, en s'isolant progressivement du monde qui l'entoure pour déboucher sur la solitude de son moi, solitude qui le suivra jusqu'à la mort, il se conçoit comme individu. Il découvre l'individualisme. La Genèse nous dit qu'Adam et Ève ont été chassés de l'Éden pour avoir goûté au fruit défendu. Ne serait-ce pas le fruit de la connaissance, de la conscience de soi? « Ils virent alors qu'ils étaient nus. » En d'autres termes, ils prirent conscience de leur individualité, limitée dans l'espace.

Un de mes amis, élève en même temps que moi à l'École de santé navale à Bordeaux, Henri Collomb, s'est orienté vers la psychiatrie et a étudié les maladies mentales en Afrique noire. Ses écrits, trop peu nombreux, restent cependant des monuments de compréhension de ce qu'il est convenu d'appeler l'âme « primitive ». Il a montré que, dans les civilisations tribales, l'individu ne se sent pas, ne se comprend pas, ne s'imagine pas séparé de la communauté; mais, avant d'être individu, il se conçoit d'abord comme élément de la communauté. Si bien qu'en cas de comportement « anormal », déviant, la communauté se sent responsable de ce comportement et pense qu'il est un moyen pour l'esprit des ancêtres de lui faire savoir qu'elle n'a pas répondu à ce qu'on attendait d'elle. C'est alors la communauté entière qui prend en charge le déviant et participe à ce que l'on peut appeler son traitement, car en soignant l'individu, c'est le groupe que l'on guérit.

L'individualisme croissant qui, en Occident, a réglé la lutte pour la recherche de la dominance, s'il peut raisonnablement s'expliquer, depuis le début du néolithique, par de multiples facteurs géoclimatiques en particulier (et sur lesquels nous nous sommes fréquemment étendu), a sans doute participé à l'évolution technique de l'Occident, mais aussi à l'éloignement de l'individu de ses sources cosmiques.

C'est pourquoi l'orientation de certains scientifiques contemporains, des physiciens surtout, vers un « animisme » d'apparence rétrograde paraît éminemment suspecte à une grande partie de la communauté scientifique. Et pourtant cet univers est ce que nous appelons beau, harmonieux, mais aussi révoltant, « inhumain ». Et comment, avec de tels jugements de valeur, qui nous sont propres, pouvons-nous nous inclure en lui sans nous y perdre, ou sans nous perdre dans le déluge des mots à travers lesquels j'essaie de ne pas faire transparaître ma propre angoisse ?

***

Et vous passiez en souriant
Et vous disiez il est habile...
Et vous passiez en souriant.
Mais aucun de vous n'a donc vu
Que mes mains tremblaient de tendresse
Que tout le grand songe terrestre
Vivait en moi pour vivre en eux
Que je gravais aux métaux pieux mes dieux.
Qu'ils étaient le visage vivant de ce que nous avons senti du monde
Du vent, de la forêt et de la mer
De toutes choses en notre chair
Et qu'ils sont nous, divinement.

Henri de Régnier.

Pourquoi le langage scientifique est-il si laid, si rébarbatif, si déconcertant, alors qu'il exprime ce que les grands poètes expriment aussi, mais eux, sans que nous fassions d'effort, en nous touchant directement au plus intime de nous-mêmes ? Sans doute parce que le langage scientifique est d'abord analytique avant d'être scientifique. Il décrit des objets et des relations précises, infiniment décomposées. Ces objets et ces relations ont beau faire partie du grand tout, auquel ils nous mènent par des chemins détournés, à travers un réseau complexe dont chaque branche se résout en de multiples arborisations, toutes cependant reliées au tronc où coule la sève, il est facile de se perdre avant d'en retrouver la source.

Les dernières images du film d'Alain Resnais *Mon oncle d'Amérique* nous montrent un grand pan de mur encore debout, alors que l'on vient de parcourir une ville détruite, un amas de décombres. Sur ce mur est peint un arbre de plusieurs mètres de haut. C'est le symbole de la photosynthèse sans laquelle la biosphère n'existerait pas telle que nous la connaissons. Puis la caméra focalise de plus en plus et la dernière image du film montre une brique du mur, une brique peinte. Et quand on en arrive, en gros plan, au détail de cette brique peinte, on ne voit plus l'arbre. Pourtant il n'a pas disparu.

Le langage de la science semble donc manquer de poésie, parce qu'il est formulé par l'hémisphère gauche de façon assez exclusive. Mais qu'est-ce que la science ? Quand un homme du paléolithique rencontrait un mammouth, il réalisait immédiatement qu'il ne faisait pas le poids. Il courait en s'enfuyant et dans l'incohérence terrorisée de sa course, il a pu tomber et s'entailler un genou sur un silex. Il a compris que le silex était plus dur que son genou. Or, l'homme est le seul animal à avoir réuni ces différentes expériences pour construire une hypothèse de travail. Il possédait en effet des neurones associatifs qui le lui ont permis. Il s'est mis à tailler des silex de plus en plus tranchants. Il les a fixés au bout d'un morceau de bois et a fabriqué, avec une « fabrique » élémentaire, un outil, une arme. Puis il est passé à l'expérimentation. Il a constaté qu'en armant son bras d'un tel instrument, il était plus efficace, assurait mieux sa protection et son approvisionnement résultant de son activité prédatrice. Il avait conçu une hypothèse de travail et il avait expérimentalement confirmé sa valeur. C'était à n'en pas douter une attitude scienfique. La science, c'est l'homme. Mais à partir de ces prémisses lointaines, en procédant toujours de la même façon, il en est arrivé à la bombe atomique.

Au début le langage n'était sans doute pas absolument nécessaire. Mais dès la fixation au sol au début du néolithique, la division du travail l'obligea à communiquer avec les autres individus composant le groupe. Le langage parlé, puis le langage écrit devinrent nécessaires dans un but très étroitement intéressé, la survie du groupe. Quoi d'étonnant qu'il l'utilisât également pour exprimer ses angoisses, plongé qu'il était dans un monde dangereux et le plus souvent hostile ? On comprend que la poésie fut dès le départ affective, globalisante et peu analytique, mais elle continua jusqu'à nos jours à exprimer le contact direct de l'homme avec les ensembles qui l'entourent, y compris l'ensemble cosmique.

Cependant, un autre langage prit naissance à mesure que la connaissance du monde se précisait par un processus analytique. Ce furent les mathématiques. Pour ceux qui ont appris ce langage qui formalise les relations entre les choses, il est probablement aussi poétique que l'autre, car tous les deux expriment des relations, mais le second paraît avoir cet avantage sur le premier qu'à l'extrême, il peut trouver des relations qui n'ont pas encore reconnu d'objets pour les satisfaire. A tel point que dans la physique et la cosmologie contemporaines, l'expression abstraite de ces relations permet parfois de découvrir, après coup, les objets qu'elles unissent. Son seul défaut est d'être incommunicable à ceux qui n'en connaissent pas la syntaxe et la grammaire. Je suis de ceux-là, mais j'apprécie quand même l'organisation du monde que ce langage essaie de traduire ensuite avec des mots.

Mais alors, le monde n'est-il poétique que parce que l'homme l'exprime dans un langage, c'est-à-dire des symboles, quels qu'ils soient ? Ou bien son cerveau est-il fait de telle façon, ses réseaux neuronaux ont-ils une telle structure, qu'il ne peut trouver, en dehors de lui, que ce qu'il possède déjà en lui ? Mais ce qu'il possède en lui, n'épouse-t-il pas la forme et l'« harmonie » (?) de l'univers dans lequel il est plongé ?

J'ai besoin de lumière, mais où en trouver ?

1

Le secret des secrets

« Chaque monde est formé selon ce principe, tant le monde d'En-haut que le monde d'En-bas. Depuis le frémissement du point suprême jusqu'aux confins des choses, elles sont toutes enveloppées les unes des autres, cerveau à l'intérieur d'un cerveau, souffle au-dedans d'un autre souffle, ainsi emboîtés, l'un est l'écorce pour l'autre et ainsi de suite [1]. »

***

Il fut une époque, entre 1951 et 1954, où, enthousiasmés par la découverte de la cybernétique, nous avons cru que toute la physiologie s'expliquerait par la notion de feed-back (en français : rétroaction). Tous les matins, chaque chercheur du Laboratoire arrivait tout heureux en disant qu'il avait trouvé une nouvelle boucle de contrôle avant de s'endormir. Nous en trouvions au niveau de la molécule, de la

1. Le Zohar, tome I, pp. 114-196, Verdier, cité par M.-L. Labiste.

cellule, des organes, des systèmes, et comme les grains de sable sur une grève, il semblait qu'il suffisait de se pencher pour en ramasser. Cela jusqu'au jour où cette abondance me parut suspecte et où je me rendis compte qu'un système régulé ne pouvait servir à rien si ce n'est à maintenir la valeur de l'effet d'un effecteur autour d'une moyenne. Au premier abord, cela semblait bien correspondre à la recherche du « maintien de la constance des conditions de vie dans notre milieu intérieur » (Claude Bernard), à l' « homéostasie » (Cannon). Et pourtant comment ces multiples régulations pouvaient-elles s'harmoniser ? Comment, puisque tout semblait régulé, pouvait-il y avoir régulation globale ? C'est alors que notre champ de conscience fut envahi par le « secret des secrets », autrement dit par la notion de « niveaux d'organisation » et la conséquence immédiate qui en découlait, celle que nous avons appelée servomécanisme.

J'ai souvent pris l'exemple d'un bain-marie, sorte d'aquarium, dans lequel une résistance chauffante est plongée. Comme dans un organisme elle est alimentée par une énergie potentielle, l'énergie électrique, qui se dégrade en énergie cinétique, en chaleur. Suivant les caractéristiques du système, lorsque la température atteint une certaine valeur, le courant s'arrête de passer dans la résistance, l'eau du bain-marie se refroidit lentement et dès qu'elle atteint une autre valeur, inférieure à celle pour laquelle l'appareil est réglé, le courant passe à nouveau. Rien n'arrive donc, et si l'appareil est réglé pour une certaine température, celle-ci ne fera qu'osciller faiblement autour d'une moyenne. Or, si vous avez besoin d'obtenir un réglage permettant d'obtenir une autre température de l'eau du bain-marie, temporairement stable, il faudra que vous veniez, *de l'extérieur du système,* influer sur le réglage pour obtenir un nouveau contrôle, supérieur ou inférieur à la température moyenne précédente. Vous avez ainsi transformé un *régulateur* en *servomécanisme.* Or nous avons dès lors compris que les organismes vivants étaient faits à tous les niveaux d'organisation, de la molécule à l'organisme entier, de systèmes régulés. Mais l'important était de découvrir comment un système régulé était commandé par une information extérieure au système qu'il représente et nous comprîmes que celle-ci provenait du système qui l'englobait, celui d'un niveau d'organisation supérieur.

A partir de cette époque, nous nous attachâmes à découvrir les « commandes extérieures au système » et, de niveau d'organisation en niveau d'organisation, à comprendre le mode de fonctionnement de l'ensemble. D'innombrables travaux nous parvenaient d'ailleurs du monde entier, nous fournissant des modèles acceptables de la structure de chaque niveau d'organisation, mais rarement de la liaison énergétique et surtout informationnelle existant entre eux. Structure, modèle, information – des mots que nous aurons à préciser dans quelques instants. Nous avons dans presque tous nos livres développé beaucoup plus largement ces quelques notions précédentes [1]. Nous les reprenons ici, car si notre initiation (en un temps

1. Voir par exemple : *la Nouvelle Grille,* Laffont, 1973 et Folio/Gallimard, 1986.

où la théorie des systèmes, von Bertalanfy et l'école de Chicago, bien qu'ayant probablement déjà abordé ces problèmes, n'avaient pas encore atteint la diffusion et la notoriété qu'ils possèdent aujourd'hui), était avant tout biologique, nous devinions qu'il y avait sans doute là une approche générale, une méthodologie permettant de mettre en ordre, d'organiser nos connaissances dans les domaines les plus variés, et de les communiquer.

Communiquer, étymologiquement, signifie mettre en commun. Mais que met-on en commun ? Une information. Étymologiquement encore, une information est une mise en forme. Se pose alors la question de savoir ce qu'est la forme. La forme représente ce qu'un ensemble ajoute à la somme des éléments qui le constituent. Et ce qu'il ajoute, ce sont des relations. La mise en forme résulte donc des relations qui s'établissent dans un certain ordre entre les éléments d'un ensemble. On représente classiquement un ensemble par un cercle. A l'intérieur de ce cercle se trouvent des cercles plus petits qui représentent les éléments de cet ensemble. Ces éléments ne sont pas placés au hasard les uns par rapport aux autres. Ils établissent entre eux des relations. Wiener a insisté sur le fait que ces relations ne sont ni masse ni énergie ; elles ne sont qu'information, alors que les éléments de l'ensemble seront toujours perçus comme masse ou énergie (fig. 1). Mais cette notion est discutable, et nous y reviendrons plus tard.

L'ensemble des relations constitue ce que l'on appelle la *Structure*. Il constitue donc un nouvel ensemble, l'ensemble des relations, mais il est impos-

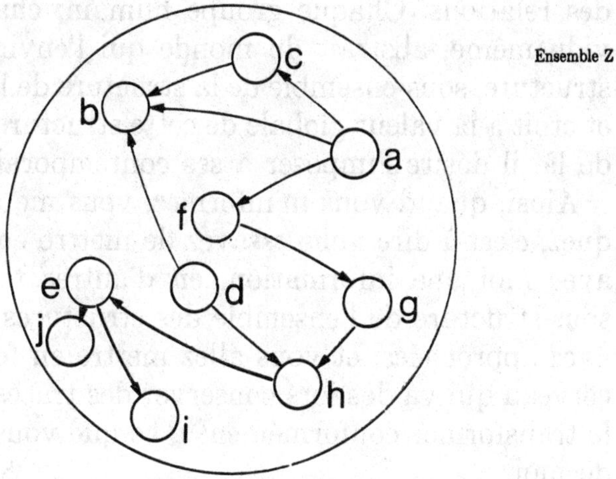

Diagramme de Venn

Fig. 1

a,b,c,d,e,f,g,h,i,j = éléments de l'ensemble Z
Les flèches symbolisent les relations entre les éléments de cet ensemble

sible à l'homme d'embrasser la totalité des relations existant entre les éléments d'un ensemble, c'est-à-dire sa Structure avec un grand S. Nous verrons pourquoi plus loin. Il ne peut appréhender que des sous-ensembles de cet ensemble des relations, c'est-à-dire une sous-structure, une partie de la Structure (avec un grand S) : il ne perçoit donc qu'une structure (avec un petit s). Le propre de l'*idéologie* est de croire que la structure (avec un petit s) décrivant un sous-ensemble de l'ensemble des relations constitue en réalité la Structure (avec un grand S), c'est-à-dire l'ensemble des relations. Chaque groupe humain, chaque individu même, abstrait du monde qui l'environne une structure, sous-ensemble de la structure de l'ensemble et croit à la valeur globale de cette structure. A partir de là, il désire l'imposer à ses contemporains.

Ainsi, quand vous m'informez, vous me communiquez, c'est-à-dire vous essayez de mettre en commun avec moi une information, en d'autres termes une sous-structure de l'ensemble des structures que vous avez approchées, et vous allez mettre en forme mon cerveau qui va dès lors conserver des traces qui vont le transformer conformément à ce que vous attendez de moi.

En résumé, les structures que nous appréhendons ne sont que les éléments d'une réalité structurale que l'on peut nommer la Structure (avec un grand S), comme nous l'avons montré précédemment. Il est donc utile de connaître le plus grand nombre d'éléments de cet ensemble des relations, de voir comment ils s'organisent, c'est-à-dire quelles relations ils établissent entre eux, si l'on veut, tout en sachant qu'on ne l'atteindra jamais, s'approcher plus précisément du réel.

Information-structure et mémoires

Ce que nous avons appelé information-structure [1] constitue ce qu'on peut appeler une *mémoire* dont la forme, suivant la définition que nous avons donnée

1. H. Laborit, *la Nouvelle Grille*, *op. cit.*, p. 39.

de celle-ci, persiste dans le temps. Ce sont par exemple les monuments, les livres, les disques, les films, dont les éléments (pierres, lettres, sillons, images) ont été organisés par l'homme et ont conservé cette organisation dans le temps. En biologie, l'information-structure aboutit également à la formation de mémoires, telles la mémoire génétique, la mémoire immunitaire ou la mémoire nerveuse. Il y a longtemps que l'on connaissait les éléments atomiques participant à la constitution de l'acide désoxyribonucléique, élément fondamental des gènes, capables de transmettre de génération en génération la forme des individus d'une espèce. Mais tant qu'on n'avait pas connu la façon dont ces éléments atomiques s'organisent dans l'espace, à savoir sous la « forme » d'une double hélice, nous n'avions rien compris à la transmission des caractères génétiques. Cette organisation des éléments atomiques dans les systèmes vivants, qui a besoin du constant apport de l'énergie solaire pour maintenir son information-structure, constitue des organisations métastables des éléments d'un ensemble. Par exemple, la formation d'un anticorps, qui permet la défense immunitaire, en d'autres termes la reconnaissance et la protection contre les éléments étrangers à l'organisme, constitue bien, d'une part une mise en forme moléculaire protéique spécifique et d'autre part une mémoire. De même, lorsque les influx en parcourant des chaînes neuronales laissent derrière eux une trace de leur passage sous la forme également d'une synthèse protéique, qui va coder des éléments neuronaux, il s'agira bien d'une mise en forme. En effet, de la même façon qu'au cours de la mémoire immunitaire, il y aura synthèse de protéines spécifiques, donc apparition de formes moléculaires, d'organisations moléculaires dont la persistance sera, comme on l'admet généralement aujourd'hui, la source de la mémoire à long terme. Mais on voit qu'à la différence de la mémoire génétique, qui transmet de génération en génération l'information-structure d'une espèce, la mémoire de l'individu va disparaître avec lui. Cependant chez l'homme, elle pourra survivre et se transmettre également de génération en génération, grâce à une nouvelle information-structure, le langage, qui deviendra une information circulante entre les individus et les générations différentes. Quand vous me communiquez une information, dans le sens que j'ai donné à ce mot, cette information va circuler de vous à moi, d'un point à un autre de l'espace-temps. Il s'agit bien au départ d'une information-structure propre à votre cerveau personnel, à sa mise en forme particulière, mais vous allez utiliser des moyens capables de transmettre cette information à l'autre. Pour ce faire, vous allez créer une nouvelle information-structure, extérieure à vous, mais qui prendra votre information-structure cérébrale, conséquence de votre apprentissage, de votre expérience, comme *modèle,* et vous permettra de transmettre un message. Ceci nous fait aborder le problème de la sémantique que nous n'avons pas encore envisagé.

Information circulante et niveaux d'organisation

Un message exige la création d'une information-structure qui en constitue le signifiant. Pour envoyer une information de Paris à Montréal, j'aurai besoin de réunir les éléments de cette information-structure signifiante sous la forme de lettres, constituant des mots. Je ne pourrai pas les placer au hasard, mais dans un ordre particulier. Ces mots, je les associerai, suivant une syntaxe et une grammaire, en une phrase qui constituera l'ordre, la structure du signifiant, en d'autres termes l'ensemble des relations existant entre les éléments de cet ensemble signifiant. Mais cet ensemble d'éléments, lettres, mots, phrases élaborant ce signifiant (matière ayant besoin d'une certaine énergie pour être transmise, quel que soit le canal utilisé pour cette transmission), sera le support d'une sémantique. Or c'est cette sémantique, la signification du message, le signifié, qui va transformer, mettre en forme le système nerveux de celui qui le reçoit. Bien sûr, pour cela, il faut que l'émetteur du message organise le signifiant suivant un code utilisé également par le décrypteur, le receveur du message. Si je vous adresse un message en français et que le seul code que vous connaissiez soit le chinois, l'échange d'information entre nous risque d'être assez appauvri. Enfin, il faut dire que cette information, que nous avons appelée « circulante », n'est pas limitée aux communications interindividuelles, c'est-à-dire au plan sociologique, mais qu'elle se retrouve aux différents niveaux d'organisation de l'organisme que nous allons maintenant envisager.

Il y a plusieurs décennies que nous attirons l'attention sur le fait que la structure des organismes vivants se réalise par niveaux d'organisation. On peut dire que c'est le nombre de niveaux d'organisation qui en exprime la complexité [1]. Pour ne citer que quelques-uns de ces niveaux d'organisation, nous dirons que des atomes vont se réunir pour constituer un ensemble moléculaire, que ces molécules constitueront les éléments d'un nouvel ensemble, enzymatique par exemple, que ces groupes moléculaires qui permettent le déroulement d'une réaction enzymatique vont se réunir dans des organites intracellulaires tels que les mitochondries, le noyau, l'appareil de Golgi, l'ergastoplasme, les membranes, etc. Ces organites intracellulaires dans un système complexe de microtubules, de microfilaments vont se réunir et constituer un ensemble cellulaire, une cellule. Les cellules, en se réunissant pour assurer une même fonction, vont former des organes. Et ces organes, en se réunissant, vont constituer des systèmes dont la connexion va assurer la structure d'un organisme. Chacun des niveaux d'organisation que nous venons d'énumérer peut être isolé par l'expérimentateur du niveau d'organisation qui l'englobe et dont il constitue un élément, isolement qui permet de mieux étudier sa fonction en ne faisant varier de cette fonction qu'un seul facteur à la fois. Mais il faut

1. H. Laborit, « The complexity of interdependence in living systems », in *The Science in Praxis of Complexity. Contribution to the Symposium of « The United Nations University »*, Montpellier 1984, pp. 146-152; édition en langue française, la Documentation française, 1986.

savoir que, lorsque ce niveau d'organisation est remis en situation dans le système qui l'englobe, il ne fonctionnera pas exactement de la même façon qu'il fonctionnait quand il était isolé. Certains facteurs ont été ignorés et c'est, en fait, en comparant la fonction de ce niveau d'organisation quand il est isolé et la fonction de ce même niveau lorsqu'il est englobé que l'on pourra progressivement découvrir les facteurs manquants et mieux comprendre son fonctionnement lorsqu'il est en place. Ceci veut dire que s'il est important de connaître la structure d'un niveau d'organisation, il est peut-être plus important de mettre en évidence les relations qu'il établit avec le système qui l'englobe.

Un niveau d'organisation, puisqu'il peut fonctionner isolément parce qu'il englobe lui-même un certain nombre d'autres niveaux d'organisation sous-jacents, peut être considéré comme un régulateur, dont l'effet contrôle la valeur des facteurs par une boucle rétroactive, de feed-back, généralement négative. Quand il est placé en situation normale, dans le système qui l'englobe, cette régulation va être contrôlée par des informations qui lui viendront du système englobant. Le régulateur (fig. 2) est ainsi transformé en servomécanisme.

Et il faut qu'il y ait entre chaque niveau une communication, une information-circulante pour que, de niveau d'organisation en niveau d'organisation, l'ensemble organique puisse fonctionner harmonieusement et puisse, avant tout, maintenir sa propre structure. Il existe donc entre chaque niveau d'organisation une information-circulante, des messages,

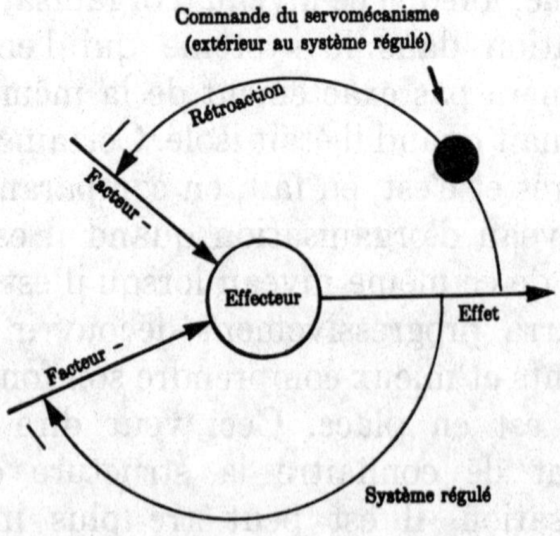

Fig. 2

qui vont contrôler l'activité fonctionnelle de chacun d'eux. Sans entrer dans le détail de ces processus complexes, nous rappellerons que le système nerveux et le système endocrinien sont sans doute les deux principaux moyens de communication utilisés par un organisme lui permettant d'assurer son autonomie dans un environnement différent de lui. Chaque niveau d'organisation est donc sur le plan de sa structure un système fermé. C'est ce qui permet aussi de faire fonctionner de façon isolée un cœur, un foie, un intestin, donc des organes appartenant à des systèmes, c'est ce qui permet aussi d'isoler en culture des cellules, ou à l'intérieur de ces cellules, après avoir détruit leur structure cellulaire, d'étudier le fonctionnement d'organites intracellulaires comme les mitochondries. Or le système endocrinien par exemple possède cet avantage caractéristique de porter l'information à certains groupements cellulaires pour transformer leur activité fonctionnelle, métabolique, dans un sens favorable au maintien de la structure et de l'activité fonctionnelle de l'ensemble de l'organisme au sein de son environnement. C'est d'ailleurs pourquoi les hormones sécrétées par les glandes endocrines ont été appelées des « messagères chimiques ». Chacune d'elles est représentée par des molécules ayant une structure particulière, et le signifiant qu'elle constitue devra pouvoir être décodé par d'autres structures conformes à la leur, complémentaires, et qu'on appelle d'ailleurs des récepteurs. C'est ce qui permet de comprendre que seules les cellules équipées des récepteurs propres à comprendre le message d'une hormone particulière pourront répondre au message dont elle est porteuse. Nous retrouvons là le même problème que nous avons rencontré précédemment en parlant de la communication langagière. Bien plus, ces récepteurs situés généralement au niveau des membranes cellulaires vont transmettre l'information à un « deuxième messager », deuxième messager qui va lui-même transmettre ce message biochimique à l'usine métabolique que constitue une cellule.

Il découle de ces notions que si chaque niveau d'organisation est bien, comme nous le disions tout à l'heure, un système relativement fermé sur le plan de sa structure, il est relié à l'ensemble des niveaux d'organisation en s'emboîtant les uns dans les autres jusqu'à former un organisme entier, par un système de communication qui permet à chaque niveau de maintenir sa propre structure en participant au maintien de la structure globale de l'organisme. Car c'est par le maintien de la structure globale de l'organisme que le maintien de la structure de chaque niveau d'organisation peut être réalisé. Ainsi, sur le plan de l'information-structure, l'ouverture ne peut se réaliser que par un englobement dans un système qui assure le contrôle du fonctionnement du niveau d'organisation envisagé. Par contre, sur le plan thermodynamique, celui de la masse et de l'énergie, les organismes vivants sont bien des systèmes ouverts dans lesquels va s'écouler le flux d'énergie photonique solaire transformée par la photosynthèse en molécules chimiques. Ce sont les aliments qui vont apporter de l'énergie nécessaire à chaque niveau d'organisation, mais aussi permettre l'activité fonctionnelle, thermodynamique de chaque niveau s'intégrant dans l'activité fonctionnelle, mécanique pourrait-on dire, de l'ensemble de l'organisme. Il s'ensuit que la seule raison d'être d'un être, c'est d'être, de maintenir son information-structure par rapport à un environnement qui est moins organisé que lui ou en d'autres termes, de lutter contre le deuxième principe de la thermodynamique – l'augmentation de l'entropie –, en utilisant en réalité l'énergie solaire, c'est-à-dire en profitant dans un cadre très particulier, qui est celui de la biosphère, de l'entropie solaire.

Un autre système de communication est le système nerveux. Son rôle est d'abord un rôle de liaison entre les différents niveaux d'organisation dont nous venons de parler mais un rôle de liaison aussi entre l'ensemble de l'organisme et l'environnement de cet organisme; c'est par le contrôle de l'environnement grâce à l'action qu'un système nerveux participe au maintien de l'information-structure de l'ensemble organique dans lequel il est plongé. Pour réaliser ce contrôle, il doit d'une part être averti de l'état de bien-être ou de mal-être de l'ensemble de la collectivité cellulaire dans laquelle il est situé et d'autre part, être informé de ce qui se passe dans l'environnement. Intégrant ces deux sources d'information, dont la plus importante évidemment est celle qui vient de l'intérieur de l'organisme, il est capable d'informer les cellules spécialisées que sont les cellules musculaires, de telle façon que l'organisme se mobilise dans l'environnement pour agir sur cet environnement et réaliser le maintien du bien-être, c'est-à-dire de l'information-structure de l'organisme.

Ainsi, nous voyons que si communiquer, c'est mettre en commun des informations, cette communication apparaît sur le plan atomique, se poursuit sur le plan moléculaire, sur le plan intracellulaire, sur le plan cellulaire, organique, systémique de l'organisme et nous le retrouvons encore entre les organismes et ce qui les entoure, à savoir d'abord les autres organismes qui peuplent l'espace environnant. La schématisation que nous avons faite du rôle du système nerveux est extrêmement simpliste. Mais nous ne reviendrons pas sur la description plus complète que nous en avons donnée dans de multiples ouvrages, soit fondamentaux, soit de vulgarisation. Nous y avons abordé l'évolution de la structure du cerveau dans l'échelle des espèces pour en arriver au cerveau humain [1]. Le lecteur voudra bien s'y reporter. Nous

1. H. Laborit, *l'Inhibition de l'action. Biologie comportementale et physio-pathologie,* Masson & Cie, 1979 et deuxième édition, 1986; *les Comportements,* Masson & Cie, 1973.

dirons simplement qu'au niveau du cerveau, nous retrouvons par niveau d'organisation les mémoires que nous avons envisagées au début, mémoire génétique, mémoire nerveuse. Mais chez l'homme tout particulièrement existe la possibilité, à partir d'un apprentissage, d'une expérience qui ont laissé des traces moléculaires dans le système nerveux, de réaliser une organisation nouvelle de ces expériences, dans une activité imaginative permettant de rendre plus efficace l'action en profitant de l'expérience passée. Il s'ensuit que des mots comme pulsion, motivation, besoins fondamentaux ou imagination et créativité ne sont plus simplement des mots, mais sont l'expression de mécanismes de mieux en mieux interprétés et sur lesquels la pharmacologie, c'est-à-dire l'invention et l'étude par l'homme de molécules chimiques, nous permet d'agir. La pharmacologie a sans doute plus d'intérêt pour la connaissance sur le plan de la confirmation de la réalité des mécanismes découverts que sur le plan strictement thérapeutique.

Mais il faut bien comprendre que l'ignorance de ces mécanismes jusqu'à une époque récente a permis de couvrir d'un discours logique l'ensemble de ce que l'on peut appeler l'inconscient.

L'inconscient ne peut plus être considéré comme ce qui est refoulé (parce que les règlements de la socioculture n'en permettraient pas l'expression motrice), mais comme tous les automatismes qui, depuis la naissance, ont d'abord formé, pendant la période de l'empreinte, la structure relationnelle des neurones ou de certains neurones entre eux, puis comme le résultat de tous les apprentissages moteurs, conceptuels et langagiers, qu'une culture d'un certain lieu, d'une certaine époque, ayant accumulé toute l'histoire des générations précédentes, a introduits dans le cerveau d'un enfant. Nous arrivons alors à cette conclusion que ce que deux hommes communiquent entre eux c'est essentiellement l'expression, dans un langage, de leurs apprentissages inconscients, de leurs automatismes culturels.

***

Ainsi, une des caractéristiques des systèmes vivants est leur structure par niveaux d'organisation. Si nous prenons un cristal de chlorure de sodium, même s'il pèse trois kilos, il est moins « complexe » qu'un ciron, animal cher à Pascal. Certes, il existe déjà dans ce cristal des niveaux d'organisation sous-atomique, atomique, moléculaire, s'emboîtant les uns dans les autres, mais la complexité s'arrête là. L'ensemble moléculaire est « redondant » comme dirait Henri Atlan [1]. Le chlore et le sodium ne sont pas situés au hasard l'un par rapport à l'autre, mais dans une structure précise. Seulement, que l'on prenne un morceau de ce cristal en un point, et un autre en un autre point, on retrouvera la même structure, les mêmes relations entre le chlore et le sodium. Alors que chez la fourmi, il en sera tout autrement car elle est construite par de multiples niveaux d'organisation, non redondants. La structure de chacun de ces niveaux d'organisation ne peut être calquée sur celle

1. Henri Atlan, *Entre le cristal et la fumée*, Le Seuil, 1979.

du niveau qu'il englobe ou qui l'englobe. Elle est fermée sur elle-même et son ouverture ne peut résulter que de son englobement.

Par ailleurs, comme le dit encore Henri Atlan, un organisme vivant n'est pas une volute de fumée, dans laquelle un certain désordre a pris place, mais, notons-le, à l'échelon moléculaire. Et cependant c'est du désordre que peut naître l'ordre. En 1960, dans notre traité de physiologie [1], nous émettions l'hypothèse que l'augmentation d'entropie d'un système, que l'on a coutume de concevoir comme un accroissement du désordre (perturbation de son « information-structure ») augmente l'énergie cinétique des éléments qu'il renferme, en particulier atomiques et moléculaires, augmente leurs chances de se rencontrer et donc de former des structures plus « complexes ». Comme dans les expériences de Miller, le fait de soumettre, dans une atmosphère analogue à celle qui a dû régner sur notre planète il y a trois ou quatre milliards d'années, des molécules à une énergie électrique, copiant celle des éclairs auxquels l'atmosphère primitive fut soumise, au lieu de favoriser le désordre, d'augmenter l'entropie du système, provoque la formation d'acides aminés qui furent les premières pierres des édifices vivants. Mais l'énergie fournie venait de l'accroissement d'entropie d'une source extérieure au système.

Cette notion me paraît importante car, à partir des conditions initiales encore non matérialisées du « big bang » (le grand boum) que l'on admet aujourd'hui

1. H. Laborit, *Précis de physiologie cellulaire et organique,* Masson & Cie, 1960.

avoir été à l'origine de l'univers, la matière qui en est issue s'est organisée progressivement, tant dans le monde physique que beaucoup plus tard dans le monde du vivant, du moins tel que nous le connaissons. A tel point que l'on peut se demander si les notions d'ordre et de désordre, telles que la théorie de l'information nous les a fait appréhender, en dehors de leur efficacité pragmatique pour les humains qui l'utilisent, ont une signification. L'énergie primitive, quand les quatre forces fondamentales (que nous envisagerons plus loin) étaient vraisemblablement unifiées, était-elle plus ou moins ordonnée ? Ce que nous appelons l'ordre ne résulterait-il pas de la matérialisation progressive de l'énergie par rapport à ce que nous appelons le chaos ? Ne serait-ce pas, une fois de plus, la façon dont un être humain essaie de mettre de l' « ordre » dans sa conception de l'univers ? En revanche, dès que la matière apparaît, la notion de complexité s'impose. Serait-elle concevable sans la matière, et celle-ci sans énergie ? L'énergie, qu'est-ce que c'est [1] ? L'ordre et l'information sont bien liés à la matière, à différents niveaux d'organisation.

Si j'ai bien compris, et si la matière n'est que la concrétisation (?) de cette énergie en certains points – les particules élémentaires possédant une masse –, nous sommes entièrement supportés, pénétrés par elle. La biologie, l'étude des systèmes vivants, n'aurait-elle alors envisagé qu'une petite, toute petite partie du problème, celle que nous pouvons toucher et sur laquelle nous pouvons intervenir ? Mais cette

1. On ne peut mesurer que les différences d'énergie qui s'appellent le travail.

petite partie pourrait-elle être autre chose que ce qu'elle est, c'est-à-dire ce que l'autre, invisible et présente, l'autorise à être? Nous allons voir que l'atome d'hydrogène, cette pierre relativement précoce sur laquelle s'est bâti l'univers dans lequel le vivant s'est introduit en douceur, représente un niveau d'organisation déjà élevé et fragile. Si la matière donne l'énergie, que des nucléons donnent des photons, cet atome d'hydrogène (mais nous vous épargnerons la suite de ses métamorphoses, car là n'est pas notre problème) peut se volatiliser en quatre photons gamma. Cette matière avec laquelle nous avons bâti les cathédrales, avec laquelle se sont construits ce qu'il est convenu d'appeler « les grands progrès de la médecine moderne », consiste en réalité en un vide immense dans lequel se concrétisent de-ci de-là quelques objets, les nucléons, avec lesquels nous nous sommes habitués depuis les origines à penser et à travailler. Un nucléon (nous allons voir ce que ce mot désigne), c'est-à-dire un proton et un neutron, peut se représenter analogiquement comme ayant le volume du Soleil, mais ce volume ne serait rempli que par trois virus (les trois quarks) [1].

***

Finalement, nous faisons retour à l'interrogation concernant la Réalité, celle à laquelle l'homme croit ou ne croit pas. Nous faisons retour à Platon et sa caverne, à Kant et ses noumènes, à Bernard d'Espagnat avec sa réalité voilée.

1. Jean Heidmann, *l'Odyssée cosmique,* p. 108, Denoël, 1986.

Nous allons voir que la physique contemporaine a reculé simplement le problème, semble-t-il, et qu'il reste entier. Déjà, Einstein et Niels Bohr ont engagé une discussion restée célèbre. Pour Einstein, il existait une réalité indépendante des observateurs que nous sommes. Pour l'école de Copenhague et Niels Bohr, contrairement au « réalisme » d'Einstein, la science est empirique et ne fait qu'accumuler une collection de règlements de manœuvres permettant une action efficace.

Peut-on dire que la réalité extérieure à l'homme demeure du domaine de la foi – ce qui ne lui enlève rien, si ce n'est la possibilité de l'exprimer en quelque langage que ce soit –, alors que la science organise et exprime un sous-ensemble de plus en plus riche de la Structure réelle ? Mais « me chercherais-tu, si tu ne m'avais pas déjà trouvé ? »

A ce problème, que peut apporter la biologie, la biologie des comportements en particulier ? Peut-être la possibilité de remettre à leur juste place certains concepts en montrant, par la mise à plat de plus en plus précise de leur mécanisme de formation, la part de préjugés, de jugements de valeur, de désirs inassouvis, d'angoisse irréductible, d'automatismes religieusement transmis de génération en génération qui les encombre. Cette science « empirique » aura peut-être ainsi la faculté, après nous avoir débarrassés d'un certain nombre de scories spécifiques du cerveau humain, de nous rapprocher de cette Réalité, chère à Einstein, même si nous devons ne jamais la connaître. Car pourquoi s'acharner à prouver que l'inconnaissable n'existe pas ?

Tant qu'à voir une ombre, essayons simplement, humblement de faire en sorte qu'elle ne soit pas trop déformée par le passage à travers notre rétine, en ne confondant pas réalité et vérité, celle-ci n'étant valable que pour celui qui l'exprime. Quand, pour employer une expression à la mode, une idée est acceptée par un large « consensus », ce n'est pas parce qu'un million d'individus seront d'accord avec une erreur qu'elle en deviendra pour autant une vérité [1]. En revanche, il peut s'agir malheureusement d'une réalité, au niveau d'organisation d'un ensemble social. La réalité, c'est la « chose », c'est ce qui est connu, ce que l'on peut penser. C'est la seule chose que l'homme puisse connaître de façon de plus en plus détaillée, à mesure que les instruments qu'il utilise pour l'explorer s'affinent. Mais c'est l'interprétation qu'il donne des résultats qui est sans doute critiquable. Dire que la Réalité est faite de particules dures, il s'en contente dans certains cas, sachant pourtant que ce n'est pas « vrai », parce que c'est « aussi » des ondes et qu'on utilise une image ou une autre suivant les nécessités de l'interprétation.

La grenouille qui voulait devenir aussi grosse que le bœuf

Avant de clore ce chapitre, je voudrais encore ajouter une notion que j'ai exprimée il y a déjà bien des années, et que je répète aujourd'hui avec pru-

1. C'est le réalisme intersubjectif de Bernard d'Espagnat.

dence. Elle est si simpliste, que j'ai bien peur qu'elle soit erronée. Si nous demeurons au niveau du vivant, pourquoi y a-t-il des niveaux d'organisation? Prenons l'entité limitée que représente une cellule. Elle ne peut s'accroître qu'en prenant ses éléments atomiques au milieu qui l'entoure. Mais à mesure que son volume augmente comme les cubes, sa surface, à travers laquelle elle réalise ses échanges, ne croît que comme les carrés. La croissance semble donc devoir être limitée par la limite des échanges possibles à travers sa surface. On imagine difficilement une cellule grosse comme un bœuf. Elle sera donc obligée de se diviser en reproduisant la structure cellulaire, celle du niveau d'organisation auquel elle appartient. Ce pourrait être aussi ce principe qui gouverne le rapport nucléoplasmatique. On peut constater qu'un acide aminé ne peut remplir isolément les fonctions qu'assure l'ensemble des acides aminés participant à la fabrication d'une protéine. Mais quelle loi, quelle obligation les a poussés à se réunir? La solution simple est de dire qu'ils ont été faits *pour* cela, dans un finalisme enfantin, comme le melon a été créé avec des côtes pour être mangé en famille (selon Bernardin de Saint-Pierre). Mais on peut effectivement décrire les lois qui gouvernent leur association dans un certain ordre et accepter que, à partir du moment où ils ont atteint un certain nombre, ils ne peuvent faire autrement que de se réunir, s'ils peuvent bénéficier d'un programme de réunion qui leur est fourni, à partir du code génétique. Mais surtout l'ARN paraît aujourd'hui fonctionner aussi comme une enzyme. Il peut se couper, s'épisser et s'assembler de façon autonome. Il peut même assembler de l'ARN [1]. Ces nouvelles notions sont sans doute très importantes en ce qui concerne les théories émises sur l'origine des systèmes vivants et sur l'évolution.

Revenons à la cellule. Tout accroissement en complexité ne peut résulter que de l'association de cellules en organes. Mais alors la spécialisation fonctionnelle de ceux-ci et des cellules qui les constituent conduira à leur groupement en systèmes, qui eux-mêmes s'associeront pour réaliser un organisme. Pourquoi devrions-nous nous arrêter là : la formation des structures sociales n'a-t-elle pas obéi aux mêmes principes d'association et de spécialisation ?

Or, dès qu'un nouveau niveau d'organisation est atteint, surgissent des propriétés nouvelles que ne possédaient pas les éléments séparés de cet ensemble. Quelles sont les lois qui nous obligeraient à séparer ces fonctions nouvelles de leur substratum matériel et de structure ?

Par ailleurs, existe-t-il des lois limitant l'accroissement du volume ou de la masse des particules à chaque niveau de leur organisation ? Je le suppose, mais ou bien on ne me les a pas dites ou bien je suis passé à côté de l'explication sans l'apercevoir ou la comprendre. En d'autres termes, pourquoi la table de Mendeleïev par exemple s'arrête-t-elle à l'uranium ? Les physiciens ont certainement une réponse à cette question. Je devine que les notions d'objet fractal,

1. Thomas Cech, « Quand l'ARN est une enzyme », *Pour la science, 111,* 80-89, 1987.

d'attracteur étrange et d'ordre chaotique [1] ont peut-être quelque chose à voir avec le « secret des secrets », ne serait-ce qu'au niveau de la mécanique classique. Mais également à l'échelon de la mécanique quantique, la notion de chaos semble en train d'être révisée [2].

***

Imaginons un atome stable avec son noyau et ses électrons appariés en orbite. C'est encore une information venant de l'extérieur du système qui va en transformer l'équilibre. Un photon incident, suivant ses caractéristiques de fréquence, sera capable d'exciter cet atome et de changer ses caractéristiques dynamiques. Ce photon viendra d'une source d'énergie extérieure au système, particule vectrice, porteuse d'information. On reconnaît là système régulé et servomécanisme, tels que nous les avons décrits.

Si nous montons à l'échelle des niveaux d'organisation, il semble logique d'admettre que ce n'est pas la cellule qui va créer l'organe et donner naissance aux informations qu'elle reçoit de ce dernier; mais ce n'est pas non plus l'organe qui va créer les cellules qu'il ne fait que rassembler. Dans ce cas, on arriverait à penser que c'est l'organisme entier (le niveau « supérieur » comme diraient certains) qui va organiser tous les niveaux d'organisation dont il est constitué et régler leurs relations entre eux. Il est évidem-

1. J. Ford, « A beginning or an end », *Nature, 325*, 19-20, 1987.
2. M. Dubois, P. Atten & Bergé, « L'ordre chaotique », *la Recherche, 18,* 190-201, 1987.

ment plus simple d'admettre que toute la forme et l'organisation de cet organisme sont contenues dans le génome et que tous les niveaux d'organisation sont déjà présents en puissance dans l'œuf fécondé.

Mais nous n'avons fait que déplacer le problème vers les échelons inférieurs de la structure organique. Ces échelons sont déjà les échelons supérieurs de la structure moléculaire, puis atomique, puis particulaire. Où commence la mise en forme? En bas ou en haut? C'est là où la notion de *structures dissipatives* proposée par I. Prigogine peut peut-être nous servir. Il part du fait exemplaire qu'en chauffant un liquide par en dessous, créant ainsi une différence de température entre la surface et le fond du récipient, on voit apparaître dans le liquide des cellules de convection hexagonales. On voit apparaître une forme. Il rappelle qu'un phénomène analogue peut survenir dans le domaine des réactions chimiques. Donc, que « lorsqu'un système devient instable, une organisation spatiale et temporelle fait son apparition, comme si chaque molécule " percevait " ce que des milliards d'autres font [1] ».

Ce qui caractérise ces systèmes dissipatifs, c'est qu'ils sont des systèmes d'attraction. Un pendule soumis à des forces de frottement reviendra à sa position d'équilibre, son pôle d'attraction. Mais ce pôle d'attraction peut être infiniment plus complexe, et des variations infinitésimales dans les *conditions initiales* pourront intervenir sur les trajectoires

1. Ilya Prigogine, « Nouvelles perspectives de la complexité », *Science et pratique de la complexité,* pp. 129-141, Actes du colloque de Montpellier, 1984, la Documentation française, 1986.

et les faire diverger. Le concept de trajectoire déterministe se brise. A proximité du point où les trajectoires divergent, bifurquent, le système devient sensible à des champs très faibles. On parvient alors à cette notion qu'il n'y a plus, dans une structure dissipative, un antagonisme foncier entre hasard, irrégularité et déterminisme. On constate que l'irrégularité est le résultat d'un jeu déterministe, non linéaire, à plusieurs variables. Ce n'est donc plus un système aléatoire classique. La réalité se trouverait entre irrégularité et déterminisme.

Malgré l'intérêt de ces travaux qui ont valu le prix Nobel à Prigogine, je n'ai pas compris comment ils permettent d'expliquer l'établissement de tous les niveaux d'organisation, emboîtés et interconnectés, tels qu'on les voit dans les structures vivantes. S'ils le peuvent, il me semble que ce ne peut être qu'à partir d'une énergie, d'un passé évoluant à travers un présent vers un *futur structural inconnu* et non l'inverse, comme porterait à le croire l'opinion de certains physiciens contemporains (voir chapitre 3).

2

De quoi sommes-nous faits ?

Qu'il était beau le temps de ma jeunesse, où l'atome (indivisible) était constitué d'un noyau, dans lequel compagnonnaient protons et neutrons, et d'électrons en orbite! Nous apprenions cela en physique. En chimie, les corps simples étaient affublés de valences : notées par la présence ou l'absence d'un signe +. Personne ne nous disait (et j'ai bonne mémoire) que le signe + signifiait l'absence d'un électron et les combinaisons entre corps simples se réalisaient comme s'il n'y avait eu ni noyau chargé positivement ni électrons chargés négativement. Ce ne fut qu'un peu plus tard qu'on nous fit pénétrer ce mystère. La physique classique me laissait cependant frustré. Je devais admettre qu'il y avait des « forces », des « champs », sans pouvoir me représenter ce qu'ils pouvaient être.

Et puis, Einstein vint. Newton nous avait appris que deux corps s'attirent proportionnellement à leur masse et de façon inversement proportionnelle au carré de la distance. Cette force qui les attirait n'avait pour toute explication qu'un nom : c'était la force gravitationnelle. Je devais croire que c'était elle qui faisait tomber un objet à terre s'il m'échappait des doigts, et que c'était elle encore qui maintenait les objets célestes en orbite, ou contrôlait les marées.

Et il paraissait que ça marchait bien avec les phénomènes observés, dans un espace, disons trivial, à trois dimensions. Mais avec Einstein et la relativité générale, un tel espace n'est pas suffisant, car les masses et leurs mouvements vont décider de la géométrie de l'espace et du temps. On passait du niveau d'organisation planétaire au niveau cosmique. C'est Einstein qui montra que ces forces mystérieuses, qui avaient tant perturbé mon adolescence, étaient explicables par la courbure de l'espace : toute masse engendre (?) autour d'elle une courbure de l'espace, et l'image généralement utilisée est celle d'une boule de métal qui, placée sur une feuille de caoutchouc, courbe la surface de celle-ci. Ainsi, si deux masses s'approchent l'une de l'autre, ce n'est pas une « force » qui les attire, mais c'est parce que l'espace est courbe autour d'elles, et que la plus forte masse attire la plus faible dans son « entonnoir ». De plus un corps se déplace dans l'espace à une certaine vitesse, donc en fonction du temps, si bien que cet espace-temps lui-même est courbe.

Ces quelques mots n'ont pas la prétention de fournir une idée précise d'un problème que les mots sont bien incapables de formuler, et les équations d'Einstein de la relativité générale dont personne jusqu'ici n'a pu fournir une solution générale, ne sont comprises que par un corps, aujourd'hui assez nombreux, il faut le reconnaître, de spécialistes, et c'est à leur « consensus » que nous devons nous fier. Certes, ils peuvent se tromper et ce consensus ne ferait alors que les réunir dans l'erreur. En fait l'intérêt du consensus en question a été de multiplier les personnages capables de fournir un appui, non seulement théorique, mais expérimental aux relations que la théorie avait établies, et de montrer que le modèle théorique était capable de comprendre certains faits et d'en découvrir d'autres.

Or, la gravitation, nous le verrons, est une force un peu particulière. A côté d'elle, jusqu'ici, trois autres types de forces ont été décrits : les interactions forte, électromagnétique et faible. Jusqu'à une époque récente, ces quatre types de forces paraissaient distincts aux physiciens : elles ont des intensités et des portées différentes, agissent aussi sur différentes particules. Seule la gravitation agit sur toutes, quelle que soit la distance.

***

Revenons maintenant aux atomes dont l'univers et nous-mêmes sommes faits. Le niveau d'organisation auquel la physique de mon adolescence nous avait conduits se résumait à dire qu'ils étaient constitués par des *nucléons,* terme réunissant les protons et les neutrons, et par des électrons. Les nucléons sont déjà cent mille fois plus petits que les atomes. Les 92 atomes de la table de Mendeleïev ne se distinguent que par le nombre de protons que contient leur noyau, l'hydrogène n'ayant qu'un proton, l'uranium en possédant 92. Le nombre de neutrons est toujours supérieur ou égal à celui des protons. Quand le nombre de neutrons varie seul, on a affaire à des isotopes. Enfin, autour du noyau circulent en orbite les électrons, à charge négative, en nombre égal à celui des protons, chargés positivement. Comme les électrons ont une masse deux mille fois plus faible que les nucléons, on peut dire que la masse de la matière qui nous entoure, que l'on touche, est faite de protons et de neutrons. De plus nous venons de voir que les protons ont une charge électrique (nous devrons dire ce que cela signifie) de + 1, les neutrons une charge de 0 et les électrons une charge de – 1. Donc, dans l'ensemble les atomes neutres ont une charge nulle.

Délaissant momentanément la gravitation, revenons aux trois forces que nous avons nommées antérieurement.

– L'interaction électromagnétique obéit à des lois qui ressemblent en certains points à la force de Newton mais en diffèrent par d'autres. L'attraction électrique est en effet proportionnelle aux charges et inversement proportionnelle au carré de la distance. Mais cette attraction n'est valable que si les charges sont de signe opposé. Elle est répulsive dans le cas contraire.

Par ailleurs une charge électrique qui se déplace dans un fil conducteur, enroulé en bobine par exemple, crée un champ magnétique; en d'autres termes la bobine acquiert les propriétés d'un aimant. Cette force peut dévier la trajectoire de particules en mouvement ou agir sur des aimants comme le fait le champ magnétique terrestre sur les boussoles.

Enfin, si les charges se déplacent comme précédemment, mais en changeant de direction à différentes fréquences, les forces « électromagnétiques » changeront également de direction et seront à l'origine d'ondes se propageant à la vitesse de la lumière, et fourniront des ondes radio, de longueurs d'onde variées. C'est à Maxwell qu'au XIXe siècle nous devons la réunion en une seule théorie des interactions électriques et magnétiques.

Mais il s'agissait toujours de « forces » d'attraction, de répulsion, que l'on est bien forcé d'admettre parce qu'on les voit agir, sans pour autant dire en *quoi* elles consistent. Bien que le progrès fût déjà considérable, les physiciens en étaient encore à leur « faculté dormitive de l'opium ».

– L'interaction nucléaire s'imposait dès lors que les protons, particules positivement chargées, étaient capables de rester unis dans les noyaux, alors qu'ils auraient dû se repousser, la gravitation ne pouvant s'opposer à la répulsion électrique. La force nucléaire les unissant fut découverte au début de ce siècle et du fait de sa grande intensité fut appelée « interaction forte ». Mais elle est de très courte portée. Nous verrons plus tard comment on l'interprète.

– L'interaction faible est à l'origine de la radioactivité bêta et résulte de l'instabilité de certains noyaux. La radioactivité alpha se caractérise par l'émission d'une particule alpha. Elle provient d'un réarrangement des nucléons dans un noyau. La particule alpha est constituée de deux protons et de deux neutrons. Dans la radioactivité bêta, les particules émises sont un électron et un antineutrino, et ceux-ci proviennent de la transformation d'un neutron en proton. Le noyau en perdant l'électron gagne une charge positive alors que le nombre des nucléons reste le même. Parfois la particule émise est un électron positif, ou positron, qui est l'antiparticule de l'électron et un neutrino, et dans ce cas le noyau s'appauvrit d'une charge.

Plus récemment, on constata que l'électron émis dans la radioactivité bêta n'avait pas toujours la même énergie, ce qui paraissait violer le premier principe de la thermodynamique qui implique sa conservation. On en déduisit qu'une particule partageait l'énergie de l'électron, particule sans charge électrique et de masse à peu près nulle : c'était le *neutrino*.

L'interaction faible est d'intensité très faible et de portée plus courte encore que l'interaction forte. Nous verrons que dans certaines étoiles très chaudes, la réaction inverse peut se produire et des protons et des électrons se combiner en neutrons en émettant des neutrinos. C'est ce qui se passe dans une étoile à neutrons. Le neutrino, n'ayant pas de charge électrique, ne réagit ni à l'interaction électromagnétique ni à l'interaction forte.

Voici donc en quoi consistent ces quatre forces fondamentales – encore qu'on se pose la question aujourd'hui de l'existence d'une cinquième [1].

1. Voir la revue de Alvaro de Rujula (1986), « Are there more than four », *Nature, 323,* 760-761.

Où les choses commencent à se compliquer

On pensait donc encore il n'y a pas si longtemps que les protons et les neutrons étaient des particules fondamentales. Mais les accélérateurs de particules à haute énergie ont tout remis en question depuis vingt ans. Les protons et les neutrons sont composés en réalité de particules plus élémentaires encore, les *quarks.* Encore un nouveau niveau d'organisation dans le « microscopique », bien que personne n'ait jamais vu un quark, mais seulement enregistré ses facéties. Ils portent une fraction (+ 2/3 ou – 1/3) de la charge électrique du proton. Il en existe six types que l'on caractérise par le terme, très gustatif, de « saveur » : il y a les *u* (up), les *d* (down), les *c* (charmés), les *s* (étranges), les *t* (top) et les *b* (bottom).

Ce sont les éléments de particules nommées *hadrons* dont on a fait une liste d'une centaine, parmi lesquels le proton et le neutron, mais aussi des particules plus « exotiques » comme disent les physiciens, telles que le pion et le kaon.

Avant de nous aventurer dans ce monde étrange, il nous paraît indispensable de fournir quelques précisions. Dans notre monde déterminé, même si le nombre des facteurs, les réseaux d'interaction, cachent souvent cette détermination et la rendent « complexe », dans ce monde dans lequel nous nous promenions jusqu'ici, nous parvenions généralement à des certitudes. Mais dans la dynamique quantique où nous allons tenter de nous faufiler maintenant, nous allons buter sur des incertitudes. Celles-ci sont exprimées physiquement et mathématiquement par les *relations d'incertitude d'Heisenberg.* Elles nous apprennent que pour une particule élémentaire, un électron par exemple, particule chère au biologiste puisque toute la chimie organique dépend de sa bonne volonté, il est impossible de connaître avec précision à la fois sa position et sa vitesse. Si l'on parvient à le localiser assez précisément, sa vitesse restera indéterminée et l'inverse est également vrai, et nous n'envisageons là que deux caractéristiques de l'électron. En d'autres termes, l'imprécision sur la position est en raison inverse de l'imprécision sur la vitesse, et réciproquement. Autrement dit encore, l'imprécision sur la position multipliée par l'imprécision sur la vitesse est une constante : c'est la constante de Planck que l'on écrit *h*. Elle est valable pour toutes les particules quelle que soit leur masse. Plus précisément d'ailleurs ce n'est pas la vitesse qui intervient mais la vitesse multipliée par la masse de la particule, quantité appelée « quantité de mouvement » (impulsion).

Donc, imprécision sur la position × imprécision sur l'impulsion doivent être supérieures ou égales à la constante de Planck. On conçoit que c'est une valeur très petite. Heureusement, car dans notre vie quotidienne, cette imprécision nous rendrait la vie impossible. Par contre cette vie quotidienne est peuplée de particules élémentaires, de masse très petite (nous venons de citer l'électron) et, dans leur cas, les incertitudes d'Heisenberg s'emparent des éléments à ce niveau d'organisation. A ce niveau la constante de

Planck est une constante fondamentale, au même titre que la vitesse de la lumière, la constante de la gravitation ou la charge de l'électron.

Par ailleurs les relations d'incertitude d'Heisenberg font appel à des données spatiales, la position et la vitesse. Mais la vitesse introduit le temps et la physique quantique, que nous aborderons dans un instant, s'est assimilé la relativité einsteinienne et sa notion d'espace-temps. Mais alors l'imprécision sur l'énergie d'une particule est inversement proportionnelle à l'imprécision du temps auquel on la mesure. La constante de Planck les relie encore.

Dans la vie quotidienne, les temps sont si longs que le principe de la conservation de l'énergie n'en est pas perturbé. Mais pour des temps extrêmement courts, on peut observer des fluctuations de l'énergie d'une particule.

Comment mieux comprendre ce principe d'incertitude? Admettons qu'une particule soit au repos et donc que sa vitesse soit nulle. Le principe d'incertitude nous dit que nous ne pouvons en connaître la position (par rapport à quoi?), parce qu'en essayant de la connaître, nous la déplacerons forcément. Si nous faisons en effet rebondir un photon sur la particule, nous la déplacerons, et quand nous la verrons à l'endroit où nous croyons qu'elle se trouve, elle ne sera plus là.

Nous allons constater que cette incertitude inévitable est ce qui rend si difficile de réunir la théorie de la gravitation d'Einstein et la théorie quantique, puisqu'elle nous interdit de connaître position et vitesse des particules de façon précise, alors que c'est justement cette connaissance dont nous avons besoin pour spécifier la structure géométrique de l'espace et du temps dans lesquels ces particules évoluent; et dans ce cas, la structure de l'espace et du temps de l'univers est indéterminé. Est-elle indéterminée seulement pour l'observateur? Einstein ne pouvait l'admettre et disait que *Dieu ne joue pas aux dés.* Dieu peut-être, mais l'homme peut-il faire autre chose que de jouer aux dés?

L'énigme se résout partiellement

Ces notions de forces qui ont perturbé ma jeunesse, doucement se précisent. Car l'interaction entre deux ou plusieurs particules résulte de l'échange entre elles d'une ou de plusieurs autres particules qui servent d'intermédiaires. Il existe ainsi des particules que l'on nomme *actrices* et d'autres qui permettent les relations et qui sont *vectrices.* Par exemple entre un électron et un proton l'interaction se fait par l'échange de photons. Électron, proton sont des particules actrices, le photon est une particule vectrice. La portée d'une particule vectrice est inversement proportionnelle à sa masse. Arrivée à destination, elle sera récupérée par la particule actrice. Entre-temps, comme le principe d'incertitude nous interdit de savoir où elle est, on dira que la particule est « virtuelle ».

Quand il s'agit d'électromagnétisme, la masse du photon étant nulle, sa portée est infinie. Il pourrait en être de même pour le graviton, particule non encore découverte, mais indispensable dans une théorie unificatrice des forces, théorie vers laquelle tendent les efforts des physiciens. En ce qui concerne l'interaction forte – nucléaire –, l'assemblage des quarks dont nous avons parlé précédemment se fait par l'intermédiaire de particules vectrices, les gluons, de masse nulle également. Quant à l'interaction faible, ses particules vectrices ont au contraire des masses considérables [1].

Ainsi, la phrase de Wiener que nous avons souvent reproduite, « l'information n'est qu'information, elle n'est ni masse ni énergie », demande à être corrigée [2]. Suivant le niveau d'organisation auquel on se situe, la sémantique a toujours besoin d'énergie pour « mettre en forme ». Même si le signifiant a une masse nulle, le message qu'il porte, lui, est « quantifié ». Il est déjà inscrit dans un certain ordre. L'ensemble n'est pas vide.

La théorie quantique

Au début de notre siècle, on considérait que la lumière avait des caractéristiques d'ondes capables de se propager dans l'espace. Ces ondes avaient une longueur d'onde mesurée par la distance entre deux crêtes successives, une vitesse et des fréquences (nombre de crêtes par seconde). On les comparait à celles pouvant apparaître à la surface d'une eau

1. Au niveau d'organisation des nucléons, c'est le méson π qui intervient.
2. Ce que par exemple fait Brillouin.

tranquille et si elles étaient plusieurs, prenant naissance en des points différents, elles étaient capables d'interférences.

Mais Planck et Einstein mirent en évidence un aspect corpusculaire des ondes lumineuses. Elles n'agissaient sur la matière que par paquets, par « grains » de lumière. Leur énergie était *quantifiée,* suivant la relation : Énergie = constante de Planck × fréquence. Ces grains de lumière sont les *photons.*

Inversement, l'électron qui paraissait être une particule élémentaire se révéla posséder des caractéristiques ondulatoires et cette découverte donna naissance, plus tard, aux microscopes électroniques. Louis de Broglie interprète ces faits inattendus par sa mécanique ondulatoire. Dans celle-ci toute particule est associée à une onde, dont la longueur d'onde est donnée par la constante de Planck divisée par la quantité de mouvement de la particule. La position de la particule dépend du carré de l'intensité de l'onde. Où celle-ci est le plus intense, plus grande est la probabilité d'y trouver une particule. L'onde est ainsi *non matérielle,* c'est une onde de probabilité. Mais comme, suivant ses caractéristiques, elle augmente la probabilité de trouver dans l'espace-temps de la matière ou de l'énergie, cela lui confère cependant un aspect matériel ou énergétique.

De la notion probabiliste de la dualité onde-corpuscule découle le principe d'incertitude d'Heisenberg dont nous avons parlé plus haut.

Le vide quantique

Pour le sens commun, le vide est constitué d'un espace ne contenant aucun objet. Mais la relation d'incertitude d'Heisenberg nous permet d'envisager que dans un endroit « vide », des particules puissent surgir en apparence à partir de rien, puisque nous ne pouvons dire quel est le contenu précis du vide.

Dirac, dès le début de la théorie quantique, en tira une conclusion qui fut confirmée ultérieurement par la découverte de l'électron positif ou positron. Pour Dirac, le vide est rempli de couples particule-antiparticule. Puisque nous avons vu que l'énergie de l'électron peut « fluctuer », quand une énergie suffisante apparaît, apparaît également une antiparticule, le positron. Or, dire que le vide est rempli d'électrons peut sembler curieux car, expérimentalement, on peut en faire sortir une antiparticule, et que les deux s'annihileront en libérant, avec la disparition de la matière, l'énergie de masse, puisque, depuis Einstein, $E = mc^2$. On peut même créer des paires de protons et d'antiprotons et, en associant un antiproton avec un positron, un antiatome d'hydrogène. Cette *antimatière* ne peut être conservée dans des récipients en matière, évidemment, mais des récipients en parois magnétiques.

Le vide peut donc être comparé à une mer continuellement agitée, avec une écume de paires de particules dont certaines des caractéristiques, opposées, les font apparaître et disparaître sans cesse. Comme à ce niveau d'organisation le chemin qu'elles parcourent de leur création à leur annihilation est très court et que leur quantité de mouvement répond au principe d'incertitude, ces particules sont inobservables. C'est pourquoi on les dit « virtuelles ». Par contre, l'effet résultant de leur multitude peut être, lui, observable au niveau d'organisation de l'atome. Cet effet du vide sur l'atome est très faible mais il a pu être mesuré très précisément par W. Lamb en 1953. L'existence des particules virtuelles n'est plus aujourd'hui une vue de l'esprit.

La conséquence de tout cela conduit à ce qu'on a appelé la « polarisation du vide ». En effet, autour d'un électron par exemple l'espace n'est pas vide, mais rempli de paires virtuelles, où l'on peut imaginer d'autres électrons et antiélectrons, non directement observables. On y trouve aussi des photons qui, n'ayant pas de charge électrique, ne troublent pas la distribution des particules précédentes. Or les positrons virtuels tendront à se rapprocher de l'électron central, alors que les électrons virtuels tendront à s'en éloigner. Il y a donc ségrégation des charges.

Quand deux électrons se rapprochent, ils ne voient pas leur charge « nue », car cette charge est réduite par l'écran des particules virtuelles de charges opposées qui les entourent. S'ils s'approchent à une très grande vitesse, ils peuvent pénétrer cet écran avant de se repousser. Quand ils se rapprochent à faible vitesse, ils pénètrent à peine l'écran et la force répulsive est faible. C'est donc à haute température et forte énergie que les forces répulsives se feront le mieux sentir. Donc en ce qui concerne les forces électromagnétiques, leur intensité dépendra de la température, quand on se rapprochera des conditions extrêmes du big bang.

La couleur

Un tel raisonnement est aussi valable pour les forces d'interactions forte et faible, mais la tendance sera opposée : plus l'énergie des interactions est élevée, plus leur intensité décroît. Nous savons que protons et neutrons sont constitués par des quarks (trois, sans nous attarder à leur « saveur »). Or ces quarks ont une charge dite de « couleur » qui peut prendre trois valeurs, R, V ou B et bien entendu, chaque quark correspond à un antiquark ayant des propriétés inverses, où l'on reconnaît l'antimatière. Nous avons vu également que les particules vectrices qui sont associées aux quarks sont des gluons, sans masse comme les photons, mais qui possèdent comme les quarks des charges de couleur, combinaisons de R, V, et B. C'est ainsi qu'un quark de couleur R émettant un gluon R-V deviendra un quark V. Nous n'avons pas l'intention de pénétrer dans ce qu'on appelle la « chromodynamique » quantique qui devient vite assez compliquée. Mais on pourrait croire qu'il se produit la même chose qu'avec nos électrons interagissants, c'est-à-dire une mer de paires virtuelles formant écran autour de la charge de couleur des quarks. Cela se passe en effet ainsi, mais là n'est pas l'important. Ce qui est important c'est que les interactions électromagnétiques entre électrons étant transmises par des photons sans charge électrique, nous avons vu que lorsqu'ils apparaissent en même temps que les paires virtuelles, ils ne dérangent pas l'équilibre général des charges électriques. Au contraire les gluons, étant porteurs d'une charge de couleur quand ils apparaissent avec des paires virtuelles quark-antiquark, affectent la distribution des charges autour des quarks. Ils les entourent d'une charge de couleur du même type que la leur, et l'influence de la charge est beaucoup plus étendue. Si un autre quark s'approche, l'interaction avec le premier, plus diffuse, aura une intensité d'autant plus faible. L'interprétation expérimentale montre que l'interaction entre les quarks devient de plus en plus faible quand ils se rapprochent. Ainsi, plus l'énergie ou la température s'accroissent, plus l'intensité des interactions fortes diminue parce que les gluons qui la transmettent portent une charge de couleur.

En ce qui concerne les interactions faibles transmises par des particules à charge faible, comme le boson W qui fut découvert il y a peu de temps au CERN à Genève en 1983, elles diminuent également à haute énergie. Il existe un boson W^-, un boson W^+ et un Z^o, neutre.

Le spin

Les particules ont donc une masse, une charge, une position, une vitesse. Elles ont en plus une grandeur qui exprime leur rotation sur elles-mêmes : le spin. Là encore on ne peut mesurer avec précision les caractéristiques du spin. En général, c'est la valeur de rotation totale et l'angle de l'axe de rotation avec la direction du déplacement que l'on connaît.

Or ces deux valeurs peuvent être quantifiées. On prend souvent l'analogie d'une corde de piano : le milieu de la corde vibre au maximum, les deux extrémités restant fixes. Cette onde de base, fondamentale, présente une longueur d'onde double de la longueur de la corde. Les autres fréquences ou harmoniques sont des multiples de cette onde de base.

Pour le spin, l'unité de base est reliée à la constante de Planck. Par exemple, l'électron a un spin 1/2 et suivant la direction de sa vitesse, il peut être – 1/2 ou + 1/2. Dans le premier cas, l'hélicité est gauche et négative, dans le second, droite et positive. Le photon a un spin égal à 1 et selon sa vitesse peut être – 1 ou + 1.

Un peu d'ordre dans la terminologie

Nous savons maintenant que les constituants de la matière sont d'une part des leptons et des quarks. Les leptons sont des particules ne participant pas aux interactions fortes : ce sont l'électron, le muon, le tauon et les neutrinos.

Les leptons et les quarks appartiennent à la catégorie plus générale des *fermions*. On attribue à chaque fermion un spin égal à un multiple demi-entier (1/2, 3/2, etc.) de la constante de Planck. Ce sont des particules actrices.

Les particules vectrices sont d'autre part les *bosons*

dont le spin est un multiple entier de la constante de Planck (0, 1, 2, 3, etc.). Le photon et les particules W^+, W^- et Z^o ainsi que les huit gluons sont des bosons dont le spin est égal à 1. Le graviton devrait avoir un spin égal à 2 et la particule de Higgs, mathématiquement indispensable paraît-il, aurait un spin nul.

Cette série de base contient une trentaine de particules et si l'on ajoute les antiparticules en multipliant par trois pour inclure les deuxième et troisième familles, on atteint la centaine.

Mais n'existe-t-il pas des composants d'un ordre encore inférieur ? Ces particules que nous appelons « élémentaires » ne le seraient-elles que parce que nous ignorons encore de quoi elles sont composées ?

La nature est-elle supersymétrique[1] *?*

Devant l'abondance des particules, les théories n'ont pas manqué pour tenter de les expliquer. Les physiciens ne seraient pas surpris sans doute que quarks et leptons puissent posséder des constituants internes. Cette abondance même des particules paraît suspecte. Si bien que le désir des physiciens est d'unifier les forces et les éléments de l'univers.

La supersymétrie a pour but de tenter de trouver une symétrie entre les bosons à spin exprimé en unités entières et les fermions dont le spin s'exprime en unités demi-entières. Pour obtenir une symétrie entre ces deux types de particules, la *supersymétrie*

1. Titre d'un article de *Pour la science*, août 1986, de Howard Haber et Gordon Kane, pp. 48-57.

imagine un ensemble de particules encore inconnues, rétablissant l'équilibre. Les bosons posséderaient des partenaires fermions; symétriquement, les fermions (quarks et leptons) auraient des partenaires bosons. Une théorie de la supersymétrie accepterait l'interchangeabilité dans certaines conditions des bosons et des fermions. Une première unification a été réalisée entre les forces électromagnétique et faible par l'introduction par Weinberg, Salam et Ward en 1967 d'une nouvelle particule qui fut nommée la particule de Higgs [1].

Le vide, dans son état énergétique minimal, contiendrait encore des particules de Higgs. Jean Heidmann dans son livre [2] compare le paramètre de Higgs à l'intensité d'un rayonnement lumineux, fixée pour le nombre de photons. Il faudrait fournir de l'énergie au vide, pour qu'il soit dépourvu de bosons de Higgs. Ainsi le vide vraiment vide, sans bosons de Higgs, contient-il encore une énergie latente prête à se manifester. Les particules de Higgs augmenteraient par ailleurs la masse des bosons W de l'interaction faible. La découverte des bosons W au CERN a rendu valide la théorie électrofaible, mais il reste à découvrir les particules de Higgs.

La Grande Unification suppose qu'il existe des particules vectrices permettant de passer des particules légères (électrons et neutrinos) aux quarks, et inversement. Ces particules vectrices supposées seraient alors au nombre de 12 et appelées X. Ces

1. Martinus Veltman, « Le boson de Higgs », *Pour la science, 111*, 12-19, 1987.
2. Jean Heidmann, *l'Odyssée cosmique*, Denoël, 1986.

particules vectrices auraient une masse absolument considérable et une portée extrêmement faible.

Mais dans notre monde à température basse et à faible énergie, les particules vectrices légères vont dominer. Ce ne serait qu'au début de l'univers, à température élevée, où l'on pense que toutes les interactions devaient être unifiées, en parfaite symétrie, que les X ont pu être créées. Depuis, avec le refroidissement, ces X n'existeront plus que virtuellement et non plus réellement. On admet que c'est là la raison principale de la brisure de symétrie de la Grande Unification. Nous y reviendrons en parlant, en cosmologie, de l'inflation de l'univers.

Cette tendance de l'homme à chercher la symétrie dans la nature, même si l'on s'aperçoit que cette symétrie est aujourd'hui en partie brisée, résulte du besoin qu'il éprouve de mettre un certain ordre dans l'univers, afin d'y agir plus efficacement. Mais surtout depuis vingt ans, certaines lois, considérées comme intangibles, se sont montrées beaucoup moins exclusives qu'on ne l'aurait cru. En réalité il semble qu'avec le refroidissement de l'univers depuis son origine, le nombre de possibilités aléatoires qui lui étaient offertes a diminué, alors qu'à haute énergie les phénomènes sont chaotiques et imprévisibles.

Les théories de jauge

Les forces fondamentales, telles que nous venons d'en faire la caricature, aboutissent, dans leur description mathématique, que nous n'avons certes pas abordée, à une forme particulière qui doit se conserver au cours de l'interaction dynamique des particules. Ce sont là les *théories de jauge*, qui permettent de décrire la matière de telle façon que les événements observables restent inchangés par l'application d'une opération mathématique de symétrie.

Il existe une *invariance de jauge globale* qui veut que les conséquences de la théorie restent les mêmes au cours d'un déplacement identique de tous les objets. J. Silk et J. D. Barrow [1] prennent l'exemple d'une pomme, où cette transformation globale a pour résultat de la déplacer latéralement sans que sa forme soit modifiée. Cette invariance de jauge globale est à l'origine des lois de la conservation de la quantité de mouvement, de l'énergie et du moment angulaire.

Mais Silk et Barrow continuent en constatant que l'on peut se demander comment chaque morceau de la pomme va savoir que les autres morceaux vont se déplacer. On peut imaginer en effet une pomme immensément grosse, au sein de laquelle la transmission des informations serait alors loin d'être instantanée. Pour synchroniser les mouvements de chaque morceau, disent-ils, il faut que les « conséquences de la théorie restent inchangées même quand chaque point est soumis à une transformation indépendante différente ». Cette condition est l'*invariance de jauge locale.*

Pour la pomme, la seule façon pour qu'elle reste intacte au lieu de se disperser dans toutes les direc-

1. J. Silk et J. D. Barrow, *la Main gauche de la création*, Londreys, 1986.

tions est qu'il existe des forces restreignant l'indépendance des parties. C'est pour se soumettre à cette invariance de jauge que certaines particules élémentaires doivent exister, et que leurs caractéristiques doivent répondre à des exigences précises. Les théories de jauge ont ainsi prévu que protons, neutrons n'étaient pas des particules réellement élémentaires, mais possédaient des constituants internes. Ces théories ne sont-elles pas un moyen d'exprimer également la notion de niveaux d'organisation ? Sans théorie de jauge, pourrions-nous croire sérieusement à une approche biologique, au milieu de la danse, alors chaotique, des particules élémentaires ?

Les supercordes

Nous avons vu que les physiciens voudraient, sans avoir pu encore y parvenir, trouver une théorie des particules élémentaires incorporant la gravité dans la mécanique quantique. Un article récent de Michael Green [1] vulgarise (si l'on peut dire!) la notion de supercordes, à laquelle s'intéressent aujourd'hui les physiciens et qui permettrait de répondre à leur désir d'unification. N'attendez pas de moi que je vous fournisse une description aussi détaillée du problème, mais simplement une idée très superficielle.

En laissant de côté la gravité, nous savons construire un modèle unifié des interactions fortes, faibles et électromagnétiques. Enfin nous devrions dire : « Ils

1. Michael Green, « les Supercordes », *Pour la science, 109*, 70-83, 1986.

savent. » Mais nous avons vu comment, sans être un grand physicien-mathématicien, le vulgum pecus peut comprendre comment on s'y est pris pour y parvenir. Nous avons vu qu'il s'agit d'une recherche de la symétrie.

La théorie des supercordes introduit une nouvelle géométrie de l'univers. Les cordes ne sont pas semblables à des particules. La théorie gravitationnelle d'Einstein, nous l'avons vu, intègre l'espace et le temps dans un continuum quadridimensionnel. La force gravitationnelle provient de la courbure de l'espace-temps. Dans cet espace-temps courbe, une particule se déplace le long d'une « géodésique », le plus court chemin pour aller d'un point à un autre. Sur une sphère, dont la surface est à deux dimensions, ce chemin est un arc de grand cercle, et arrivée à destination, notre particule peut continuer « en ligne droite » et revenir à son point de départ. Mais elle exerce aussi une action sur l'espace-temps, en produisant des ondes gravitationnelles qui peuvent perturber la géodésique primitive, le long de laquelle elle se déplace. Rappelons que les équations de la relativité générale déterminent non seulement le trajet que parcourent les particules, mais encore la structure même de l'espace-temps dans lequel elles se déplacent.

Tout ce que je puis dire ici, c'est que dans une théorie des supercordes, la gravitation s'exprime dans un univers non plus à quatre, mais à *dix* dimensions : neuf sont des dimensions spatiales, l'une est une dimension temporelle. « Les déplacements s'effectuent le long de géodésiques qui sont des surfaces d'aire minimale dans un espace-temps à dix dimensions [1]. » Parmi ces dix dimensions, six sont invisibles et roulées pour former une structure si petite qu'on ne peut l'observer. Ainsi le monde semble avoir trois dimensions spatiales de la même façon que la corde semble, « vue de loin », être une particule ponctuelle.

Peut-être que dans quelques années, si les supercordes fournissent les explications théoriques et expérimentales que l'on attend d'elles, la théorie deviendra-t-elle plus accessible aux non-spécialistes que nous sommes, du fait d'une expression plus simplifiée [2].

Conséquences

Dans le monde de la matière, dite inanimée parce que ne s'organisant pas en organismes vivants, que l'on peut considérer cependant comme un niveau d'organisation, nous nous apercevons qu'il existe déjà de nombreux niveaux d'organisation englobés, allant de l'atome à la masse et à l'énergie, organisées elles-mêmes par un processus ondulatoire. Cette onde « non matérielle » mais qui ordonne l'énergie et la matière, cette onde de probabilité, qu'est-elle ?

Peut-être en abordant les cosmologies modernes en saurons-nous un peu plus ? Elles ont puisé en effet

1. Michael Green, *loc. cit.*
2. G. W. Gibbons, S. W. Hawking et P. K. Townsend, « Supersymmetry and its applications : superstrings, anomalies and supergravity », Cambridge University Press, 1986.

dans la relativité générale et dans la dynamique quantique des informations qui ont transformé notre vision de l'univers. Mais avant de nous aventurer dans l'histoire de ce dernier, essayons de voir d'abord comment l'homme et ce que nous en connaissons peuvent avec leurs particules élémentaires s'introduire dans l'espace restreint qui est celui dans lequel nous évoluons immédiatement.

3

Le monde du vivant

Si nous nous représentons le grand vide quantique, ce vide des particules virtuelles, parsemé de nucléons (seule « matière » que nous touchions), ce vide que représente un organisme vivant si j'ai bien compris la vision des physiciens, un certain nombre de fantasmes [1] surgissent. Il semble en effet que la biologie ne se soit encore intéressée qu'à une infime partie du monde du vivant. Mais comment appréhender l'autre, comment découvrir son rôle dans l'ensemble ? Nous commençons à deviner, à la lumière (non photonique évidemment) de la physique contemporaine, comment le niveau d'organisation matériel que nous observons se relie à ce niveau fondamental, par l'intermédiaire de toutes ces particules vectrices, sans masse assez souvent. Comment l'électron, qui va ordonner toute la chimie organique, l'association des atomes en molécules, est en rapport avec les nucléons,

1. FANTASME OU PHANTASME : toute production de l'imagination par laquelle le moi cherche à échapper à l'emprise de la réalité *(Petit Robert)*.

par un espace qui n'est pas vide, mais rempli de particules virtuelles en perpétuel mouvement et de photons. Si nous essayons de raisonner par niveaux d'organisation, quel niveau englobe l'autre ? Le niveau des particules que nous avons appelées fermions n'englobe sans doute pas celui du vide quantique, mais il paraît résulter cependant de son organisation, de même qu'un organe résulte de l'organisation des cellules qui le constituent. En d'autres termes, devons-nous considérer de la même façon l'inobservable et l'observé ? L'un et l'autre font-ils partie d'un même ensemble, d'un même niveau d'organisation ? A priori j'aurais tendance à croire que ces « grains » de matière sont un nouveau niveau d'organisation, qui pourrait ne pas se révéler, mais nous rendrait alors ce monde inobservable puisque nous ne serions pas là pour le voir.

Comment dénommer ce qui n'a pas de forme, mais seulement une fréquence ? Et une fréquence de quoi, puisque ces ondes ne sont pas matérielles, mais probabilistes comme nous l'avons vu ? On a beau jeu de prendre pour les décrire l'exemple d'un étang dans lequel on jette un caillou, ce qui provoque l'apparition d'ondes à sa surface. Car ce sont des ondes de quelque chose, qui est l'eau, à l'interface de l'air et de l'eau. « Fréquence », pour moi, ne veut pas dire « ni espace ni temps », mais cycles par seconde (hertz) ou espace par temps. Je me doute qu'un physicien-mathématicien, s'il lit ces lignes, sourira de ma naïveté. Naviguant dans des hyperespaces à *n* dimensions, il sourira de celui qui n'arrive pas, malgré ses efforts, à s'expatrier de ses trois malheureuses dimensions. En résumé je voudrais que l'on me dise s'il est possible de se représenter l'énergie en dehors de ses activités observables. Mais comment se re-présenter, comment réaliser dans son crâne un modèle de ce qui n'a pas de forme avant de s'être transformé en matière ? Nous savons que le vide quantique contient une énergie qui ne peut être mesurée et que le biologiste doit donc ignorer; que la matière est une petite vague sur un océan énergétique. Cet océan est hors espace et hors temps, et derrière cet océan pourquoi n'y en aurait-il pas un autre, plus immense encore ?

De l'image aux mots

Ce qui inquiète le biologiste que je suis chez certains physiciens contemporains, c'est la façon dont ils ont tendance à passer du niveau d'organisation de la physique à celui du langage. L'étude du niveau d'organisation de la physique les ayant conduits à concevoir autre chose que la matière, à relativiser l'espace et le temps, ils plaquent les mots d'esprit, de pensée, d'activités « mentales » dans leur ensemble et surtout celui de conscience, sur ce hors l'espace et hors le temps qu'ils ont découvert, et pensent que tout cela est de la même « essence » comme diraient les philosophes. La notion de niveau d'organisation engendre pourtant la méfiance à l'égard de telles idéologies. Déjà, parler de niveaux supérieurs et inférieurs d'organisation ou de conscience introduirait une hiérarchie, un jugement de valeur, très humains sans doute, mais qui ont peu de chances d'exister dans la nature. Que chaque niveau entre en interrelations complexes avec tous les autres semble logique, et il est aussi logique de ne pas négliger les relations entre les éléments d'un niveau donné. Or, dès que le physicien se met à parler de « conscience », son attitude envers ce mot et son contenu sémantique présente un laxisme qu'il n'admettrait sans doute pas au niveau d'organisation qui est le sien, la physique, qui, jusqu'ici, a toujours passé pour la seule science exacte.

Je pense que tout biologiste conviendra avec moi que les organismes vivants, et, pour certains, le système nerveux et le cerveau qu'ils contiennent organisent les variations énergétiques auxquelles ils sont soumis de la part du milieu qui les entoure suivant un certain ordre déjà très élaboré, qui est celui-là même qui organise leur propre matière, des particules élémentaires à leur ensemble organique tout entier.

Cette participation d'un organisme au monde qui l'environne se fait déjà à travers un classement parmi les différentes formes d'énergie qui l'atteignent, énergie lumineuse, sonore, mécanique (tact), chimique (odorat et goût), etc. Les appareils récepteurs seront organisés au niveau moléculaire et cellulaire de telle façon qu'ils seront sensibles à une forme d'énergie et pas à une autre. A partir de ces récepteurs sensoriels, des voies nerveuses *différentes* conduiront les « déformations » moléculaires dynamiques des appareils sensibles vers le cerveau sous la forme de ce qu'il est convenu d'appeler un influx nerveux. Les dernières décennies ont montré combien ces processus banals étaient complexes. Une évolution que l'on pourrait comparer à celle qui a fait passer de la physique classique à la chromodynamique quantique s'est imposée dans ces domaines, à laquelle ont concouru de multiples disciplines, explorant elles-mêmes, au niveau d'organisation global de la biologie, c'est-à-dire de l'étude des systèmes vivants, les différents niveaux d'organisation que celui-ci comprend. Les influx nerveux sensoriels se projettent en des zones corticales différentes, non sans avoir essaimé au passage dans d'innombrables circuits à travers l'ensemble du cerveau sous-jacent. Mais au niveau du cortex, on peut dire que l'environnement nous parvient en pièces détachées. Il est nécessaire que des neurones, dits associatifs, réunissent entre eux chaque groupe neuronal influencé séparément par un type particulier d'énergie. C'est seulement ainsi, semble-t-il, que la notion d'objet peut se réaliser. Cette réalisation exige donc aussi que nous allions à la rencontre de cet objet, que nous agissions sur lui, pour coordonner les sensations visuelles, sonores, tactiles (de forme, de poids, etc.), gustatives et olfactives qui le caractérisent. L'animal est soumis lui-même à ces obligations.

Nous n'avons pas l'intention de pénétrer ici dans les mécanismes actuellement reconnus des processus neuronaux et biochimiques qui sous-tendent de multiples fonctions cérébrales, qu'il était plus facile jusqu'ici d'étiqueter par un nom : mémoire, attention, affectivité (joie, tristesse, amour, haine, colère, etc.), imagination, tout ce que l'on désignait par activités mentales ou psychiques. Nous l'avons fait durant de nombreuses années, au fur et à mesure de l'enrichissement des connaissances, dans plusieurs livres fondamentaux.

Qu'on ne m'accuse pas d'avoir une attitude « mécaniciste », la pire injure que l'on puisse faire à un intellectuel contemporain. Les biologistes ont-ils fait autre chose que ce qu'ont fait les physiciens, en démontant l' « objet » de leurs observations en pièces de plus en plus fines ? Malheureusement pour les biologistes, cet objet représente pour chacun quelque chose d'intouchable, sa part de divinité, surtout quand il lui manque, pour pénétrer dans cet objet, les outils conceptuels et les instruments de connaissance indispensables.

Ce qu'il est important de souligner cependant, c'est que cette interpénétration de l'environnement énergétique, c'est-à-dire physique, et de l'organisme laisse des traces dans ce dernier. C'est ce que l'on appelle les *mémoires.* Elles sont supportées par la formation de molécules protéiques à la suite de la pénétration dans l'organisme des formes variées d'énergie. Quand celles-ci prennent la forme d'un micro-organisme, par exemple, les protéines qui vont conserver la trace de son passage seront appelées des « anticorps », un des éléments de la mémoire immunitaire. C'est cette mémoire qui se souviendra de la dernière atteinte du micro-organisme et mettra en jeu les défenses immunitaires, s'il se présente à nouveau. C'est elle encore que tentent de provoquer les vaccinations en utilisant des micro-organismes (ou certaines de leurs caractéristiques moléculaires), après les avoir débarrassés de ce qui en fait la malignité. Dans le système nerveux, un mécanisme analogue de synthèse protéique gardera la trace des expériences passées dans les neurones, et, au niveau des contacts qu'ils entretiennent entre eux, les synapses. En d'autres termes, les influx engendrés par les variations énergétiques de l'environnement, dans leur propagation à travers les voies nerveuses, déclencheront la formation de molécules protéiques qui persisteront lorsque les stimuli auront disparu. Mémoire nerveuse et mémoire immunitaire sont d'ailleurs étroitement corrélées et se contrôlent réciproquement.

Or nous sommes là dans le domaine du matériel. Il me semble difficile d'imaginer une pensée sans mémoire. Cette mémoire se construit dès la naissance et sans doute même avant, *in utero.* Mais nous n'avons pas conscience d'être, avant d'avoir appris à construire notre schéma corporel. Nous ne nous souvenons pas de nos premières années parce que l'expérience, insuffisante, que nous avions de nous-même et d'un environnement différent de nous n'avait pas encore permis que nous sortions de notre « moi-tout ». Peut-être étions-nous alors plus près du tout indifférencié que certains physiciens nous conseillent d'atteindre avec les mystiques. Peut-être est-ce à ce stade qu'il faudrait revenir, « être comme des enfants pour que les portes du ciel s'ouvrent devant nous »? Espérons que nous saurons interpréter cette phrase différemment d'ici la fin de cet ouvrage, car, dans ce cas, le moyen le plus simple pour parvenir à cet état serait la régression psychique de la démence sénile. Avec ces voies nerveuses codées par l'expérience, codées matériellement, nous pouvons, avec un cerveau d'homme, créer ce que l'on peut appeler l'*imaginaire*. Avec un cerveau d'homme, c'est-à-dire un cerveau possédant des neurones associatifs suffisamment nombreux pour créer de nouveaux ensembles à partir de ces éléments neuronaux codés. Jusque-là les modèles résultant de l'association entre elles des différentes sensations provenant du monde extérieur, sont entièrement calqués sur ce monde. Mais avec les lobes orbito-frontaux, dont le développement fut croissant depuis les premiers hominiens jusqu'à l'homme de Cro-Magnon, il y a quelque quarante-cinq mille ans, ces modèles furent de plus en plus distants de ce que le monde extérieur imposait à l'homme. Avec les éléments que ce monde lui fournissait, il put se dégager en partie de ce monde. Il eut dans son système nerveux autre chose que la copie, plus ou moins parfaite, mais copie quand même, de ce monde. Cette abstraction créatrice eut comme outil les langages. Ceux-ci furent rapidement plus que le mortier permettant d'unir les pierres de l'édifice imaginaire, mais ils en furent les pierres mêmes.

On conçoit que ce nouveau niveau d'organisation ait fait disparaître derrière l'horizon tous les éléments de tous les niveaux d'organisation qui l'avaient précédé, et qui en avaient permis l'apparition. Il semblait avoir abandonné tous liens avec la matière, semblait commander à celle-ci, à tel point que, confondant la pensée humaine avec la force immatérielle qui constitue l'étoffe de l'univers, certains ont pu affirmer que c'était « l'esprit qui engendrait la matière ». Nous reviendrons plus loin sur ce sujet pour tenter, si c'est possible, d'éviter la confusion.

Notons cependant que l'esprit chez l'homme n'est apparu que dans les quinze milliards d'années qui ont suivi les premières secondes de l'univers, matériel et énergétique. Alors, de quel genre d'esprit parle-t-on ?

Le paradigme holographique [1]

Arrivé à ce point de notre discours, nous devons parler d'une conception développée par Karl Pribram à partir des travaux de Gabor concernant l'*hologramme.* Nous avons déjà évoqué la comparaison des ondes avec les vagues provoquées sur un étang par un caillou qu'on y laisse tomber, vagues qui se propagent en cercles concentriques. Avec deux cailloux jetés à deux endroits différents, deux séries de vagues vont prendre naissance et en se rencontrant créeront des interférences. Si deux crêtes se rencontrent, la vague sera deux fois plus haute que chacune d'elles séparément. Si une crête coïncide avec un creux, les vagues s'annuleront. Toutes les combinaisons sont possibles et finalement nous observerons un modèle complexe de vagues appelé « pattern d'interférences ». Les ondes lumineuses se comportent de la même manière. Dans le cas d'une lumière émise par un laser, il s'agira d'une lumière cohérente, c'est-à-dire où toutes les ondes ont la même fréquence. Mais si deux rayons laser se rencontrent, ils produi-

1. Titre du livre de Ken Wilber (traduction française). Textes réunis par K. Wilber, Le Jour, 1984.

sent un pattern d'interférences, qui peut être fixé sur une plaque photographique. Maintenant, si l'un des rayons est réfléchi d'abord sur un objet avant de rencontrer l'autre, le pattern qui va en résulter sera très complexe, mais pourra encore être enregistré sur plaque photo. Cet enregistrement sera un hologramme de l'objet sur lequel l'un des rayons a été réfléchi. Ainsi la lumière va tomber sur la plaque photographique à partir de deux sources : l'une est l'objet lui-même, l'autre une lumière laser réfractée par un miroir, de l'objet à la plaque. Ce qui est enregistré sur la plaque ne ressemble pas à l'objet, mais si celle-ci est éclairée par un rayon laser, apparaîtra dans l'espace une forme tridimensionnelle, l'hologramme, à une certaine distance de la plaque. Or si l'hologramme est brisé, n'importe laquelle de ses parties reconstruira l'image entière. Le plus étonnant, c'est que Gabor ait fourni les bases mathématiques de l'hologramme avant que les ingénieurs l'aient matérialisé.

L'idée de Pribram fut que le cerveau travaille comme un hologramme, c'est-à-dire que lorsqu'il voit, entend, sent, goûte, il effectue des calculs complexes sur les fréquences, sur les données qu'il reçoit [1].

Dans l'hologramme en effet l'information issue d'un objet se trouve distribuée sur toute la surface de la pellicule photographique. Chaque point de lumière diffracté devient flou, mais réparti, comme chaque

1. Karl Pribram, *Complexity and causality. The science and praxis of complexity*, The United Nations University Editions, pp. 119-192. « Cerveau, conscience et réalité », *l'Esprit et la Science*, J. E. Charon, pp. 80-106, Colloque de Fès, Albin Michel.

autre point de lumière, sur toute la surface de la pellicule. Comme sur la surface de l'étang où une poignée de cailloux est jetée, les patterns d'interférences rendront cette surface floue, mais en y cachant un ensemble extrêmement ordonné; et si l'étang pouvait être gelé immédiatement, sa surface serait un hologramme. Il en est ainsi pour l'hologramme photographique.

Pour Pribram, l'enregistrement de la mémoire dans le cerveau pourrait ressembler à un enregistrement holographique. Pour lui, au niveau des contacts entre neurones, au niveau donc des synapses, les croissances et décroissances graduées de potentiels d'action, qui sont des ondes, pourraient être à l'origine de patterns d'interférences holographiques, tout particulièrement importants pour les neurones associatifs. Les molécules protéiques, support de la mémoire, seraient l'équivalent des grains de la pellicule photographique et la mémoire serait ainsi répartie sur l'ensemble du cerveau.

Sans entrer dans une critique purement physiologique de cette conception, qui a de nombreux atouts pour elle, il nous semble cependant que la répartition holographique dans le cerveau n'est peut-être pas aussi généreusement dispersée que la théorie le prétend. Certaines voies sont en effet préférentiellement utilisées lorsque l'expérience est agréable, d'autres si elle est désagréable, par exemple, et la destruction de ces voies, ou la perturbation spécifique de leur fonctionnement par des agents pharmacologiques vont perturber la mémoire de certaines expériences et pas celle d'autres. Et puis, soit dit en passant, je ne vois pas comment la théorie holographique peut interpréter ces faits indiscutables de la différenciation interhémisphérique, et des fonctions différenciées de chaque hémisphère.

Où la théorie avancée par K. Pribram devient pour nous vraiment discutable, c'est dans l'exploitation philosophique que son auteur en fait. Les images, dit-il, sont des productions « mentales ». Elles résultent de processus matériels dans lesquels interviennent le cerveau, les sens, dans une interaction avec l'environnement, tout cela impliquant des objets, photons, électrons, atomes, molécules, etc. Un aspect de l'esprit « émerge » donc de processus physiques. Mais pour Pribram ce processus implique aussi une transformation dans le domaine de la « fréquence ». Dans le domaine holographique, la distribution entre les points devient floue. Un organisme avec ses multiples composants n'est plus parfaitement distinct de ce qui est à l'extérieur de la peau. Chaque organisme représente alors l'univers et chaque portion de l'univers représente en quelque sorte les organismes qui sont à l'intérieur. Les *perceptions* d'un organisme ne peuvent être comprises sans compréhension de la matière de l'univers physique, et celle-ci ne peut être comprise sans la compréhension du processus perceptuel qui l'observe. Mais si tout est dans tout, pourquoi le cerveau des animaux n'aboutit-il pas à la conscience humaine ? Comment passer de la notion admissible d'une mémoire personnelle holographiquement enregistrée à la notion que tous les esprits font partie d'un hologramme transpersonnel ?

Après avoir bien écouté Pribram à l'occasion de

plusieurs réunions auxquelles nous participions ensemble, j'ai cru comprendre que le fait primordial sur lequel il s'appuie, c'est que l'hologramme, et de ce fait la mémoire appartiennent à un « domaine de la fréquence transcendant au-delà de l'espace et du temps ». Mais nous avons déjà eu l'occasion de dire que pour nous une fréquence signifie cycles par seconde ou espace par temps. Et je ne sais pourquoi un hologramme engrammé dans un cerveau personnel pourrait s'étendre à tous les hologrammes de tous les cerveaux personnels.

Les structures dissipatives [1]

J'ai rencontré aussi plusieurs fois I. Prigogine et je comprends mieux la signification de ses « structures dissipatives » auxquelles on a aussi, à mon avis, voulu faire dire beaucoup plus qu'elles n'en ont la possibilité dans l'esprit de leur auteur. Ces structures dissipatives sont, je crois, l'expression mathématique de la façon dont s'organisent des structures plus complexes à partir de structures moins complexes. Nous retrouvons avec elles la notion de niveaux d'organisation.

Il y a longtemps que nous avons insisté sur le fait que le mot de hiérarchie ne convenait pas pour décrire cette notion. Nous ne pouvons faire autrement – tel est notre langage – que de lier à ce mot un jugement de valeur, alors qu'il ne peut y avoir dans la

1. Voir p. 62.

nature du « supérieur » et de l'« inférieur ». Nous abstrayons des niveaux d'organisation parce que nous sommes ainsi faits, mais nous n'avons pas le droit, je pense, de les situer dans un ordre hiérarchique, même si nous parlons, pour éviter l'écueil sémantique, de hiérarchie de fonction plutôt que de hiérarchie de valeur [1]. Il ne s'agit donc pas de « réduire » la pensée à la matière, mais peut-être de chercher à savoir si l'une comme l'autre ne reposent pas sur quelque chose d'autre encore dont elles seraient, l'une et l'autre, imprégnées.

Par ailleurs, si nous admettons, ce qui est difficilement réfutable, que ce que nous appelons la pensée résulte de ce que nous avons précédemment appelé la mémoire, même l'être unicellulaire est capable de mémoire, l'expérience le prouve. Il ne serait donc pas dénué de pensée. Les mots sont trompeurs une fois de plus, car nous parlons de la pensée humaine, celle qui résulte du fonctionnement d'un ensemble cellulaire particulier, qui est l'organisme et le cerveau humains. Or dans tous les cas et quel que soit le niveau d'organisation auquel nous attribuions cette fonction, elle s'intègre dans un comportement des organismes, qui consiste à maintenir la « Structure » de cet organisme. Cet état de « non-équilibre » dont parle I. Prigogine, qui caractérise l'organisation de la matière dans un organisme vivant, non-équilibre fragile, ne maintient ainsi ses caractéristiques originales que par ce que nous appelons la pensée. *La pensée n'apparaît ainsi exister que parce qu'elle rend plus efficace l'action.*

1. H. Laborit, *la Nouvelle Grille, loc. cit.*

En effet c'est par une action, un déplacement local – que les théories de jauge nous ont fait précédemment aborder –, par la fuite ou la lutte que l'être vivant pourra, dans *certaines limites*, contrôler son environnement, de telle façon que son non-équilibre ne soit pas ramené à l'état d'équilibre, de désordre, de l'entropie maxima (dans le système limité où il se situe) de la mort : *désordre de la matière* préalablement organisée d'un organisme, car le premier principe de la thermodynamique classique reste respecté ; l'énergie, elle, sera conservée, mais n'aura plus la « forme » d'un organisme, mais celle du niveau d'organisation sous-jacent, celui du niveau de la physique, la forme encore organisée des particules élémentaires.

L'holomouvement

Cette façon de voir est, je crois, assez proche de celle d'un physicien contemporain, David Bohm, qui a travaillé avec Einstein quand celui-ci cherchait une théorie de champ unifié. Comme beaucoup de physiciens, il pense que la vraie nature de l'univers est immatérielle, mais ordonnée, qu'au-delà de l'apparence, il y a un ensemble de variables « cachées » fournissant une base non statistique et cohérente au mouvement apparemment aléatoire des particules.

Il décrit un ordre qu'il appelle « replié » ou « implicite » qui, en se dépliant, donne naissance au monde matériel que nous connaissons : l'ordre déplié ou explicite, notre monde ordinaire. Cet ensemble repose sur un mouvement plus vaste encore, et ce mouvement, D. Bohm l'appelle *holomouvement.* Ainsi toutes les entités seraient des formes de cet holomouvement. Il exprime l'idée que les physiciens introduisent diverses images pour résumer les effets de leurs équations, tout en affirmant que ces images ne peuvent être considérées comme des descriptions de la réalité. Il dit encore : « La réalité vient du mot latin *res* qui veut dire chose et la chose est ce qui est connu [1]. » La chose est ce à quoi l'on peut penser, et la réalité est donc seulement ce que l'homme peut connaître. Il reprend aussi l'image, utilisée par de nombreux physiciens et que nous avons rapportée précédemment, d'un océan d'énergie qui n'est ni dans l'espace ni dans le temps, et dont la matière serait une petite vague, une vague « manifeste ». Les physiciens considèrent essentiellement ce que leurs instruments peuvent faire de leurs équations et comment celles-ci peuvent les rendre efficaces, car tout ce qui n'apparaît pas sur les instruments n'a pas d'intérêt pour la physique.

Sommes-nous obligés de le suivre quand il traite la conscience comme une chose repliée dans l'ordre implicite ? « Ce n'est pas que la conscience soit une chose et que la matière en soit une autre, mais plutôt que la conscience, étant un processus matériel, est elle-même dans l'ordre implicite, comme l'est toute matière, et qu'elle se manifeste dans quelque ordre

1. « L'univers qui se replie et se déplie : une conversation avec David Bohm », animée par René Weber, in *le Paradigme holographique*, Ken Wilber, Le Jour, 1984.

explicite comme le fait la matière en général [1]. » Et plus loin il dit encore que les pensées, les émotions, les désirs, la volonté, toute la vie mentale et psychique « réside dans ce non-manifeste, lequel lui-même réside dans quelque chose qui le dépasse immensément... Le tout peut agir dans chaque aspect mais l'aspect ne peut approcher le tout... la gouttelette ne peut approcher l'océan ».

Ainsi pour lui la pensée est un processus matériel, elle est « manifeste ». Je préférerais dire qu'elle est l'expression d'un processus matériel. Bohm, à partir de là, considère qu'elle est la manifestation d'un « esprit plus profond ». Mais si nous raisonnons en termes de niveaux d'organisation, où cet esprit se logerait-il ? Entre les particules élémentaires ? Or Bohm dit encore que « la relation entre la pensée et cet esprit plus profond pourrait être semblable à la relation entre la matière et entre la beaucoup plus grande énergie du vide ».

Cependant on peut être d'accord avec lui quand il souligne que ce non-manifeste, que la pensée imagine, est encore le manifeste, car imaginer est également une forme de pensée. La pensée, selon lui, ne peut saisir *ce qui est*. Il exprime aussi ce que nous avons nous-même exprimé au chapitre 1, sous une forme différente, à savoir que la mémoire, donc la pensée, « abstrait de tout le non-manifeste un certain sous-quelque chose, qui est manifeste ».

Nous serons d'accord aussi quand il dit que la distinction entre la matière et ce que l'on appelle

1. David Bohm, *op. cit.*, p. 108.

l' « âme » est établie par la pensée, que « tout ce qui n'a pas une forme solide évidente et qui anime quelque chose d'autre est appelé âme. Mais quoi que nous voulions entendre par ce qui est au-delà de la matière, nous ne pouvons pas le saisir par la pensée ou encore que « lorsque la pensée est là, essayer de saisir ce qui la dépasse est infaisable ».

Pour un biologiste des comportements, il est également agréable de constater qu'un physicien peut dire que « la réalité est limitée par le message qui a été profondément inscrit dans les cellules cérébrales depuis la petite enfance ». Mais le même biologiste a plus de difficulté à comprendre quand Bohm exprime l'idée que ce qu'il appelle l' « insight » (vision intérieure directe?) peut éliminer ce message qui provoque le blocage.

Nous abordons là l'aspect « mystique » de certaines opinions de certains physiciens contemporains.

La mystique de certains physiciens contemporains

Le problème est, je crois, de savoir comment on envisage la notion de niveaux d'organisation. Nous ne pouvons d'ailleurs qu'être surpris par le mélange sémantique qui existe entre les mots comme esprit, pensée, intelligence, conscience, âme, dans le cerveau de certains de nos contemporains. Nous venons de parler de la pensée. Un embryon pense-t-il? Et quand après avoir été fœtus, il devient nouveau-né, qu'il a à sa disposition un instrument, que nous savons aujourd'hui encore immature, lui permettant de le faire, est-il capable de penser? Et si la pensée est construite par la mémoire, ne doit-il pas attendre d'avoir mémorisé pour « penser »? Ne pensera-t-il pas d'autant mieux qu'il aura mémorisé plus d'expériences de lui-même et du monde, à la condition expresse de ne pas être dominé par l'inconscience des automatismes acquis? Enfin, pourquoi un automatisme devient-il inconscient? La conscience, comme nous l'avons souvent proposé (sans rencontrer beaucoup d'échos je dois le reconnaître) n' « émerge »-t-elle pas (pour utiliser un mot à la mode) du fait qu'un processus imaginaire s'oppose aux automatismes acquis? Je ne peux revenir sur ces notions que j'ai fréquemment abordées et développées dans plusieurs ouvrages, plus ou moins anciens. Je devine que l'accusation de mécaniciste me guette encore, mais la recherche des relations à chaque niveau d'organisation n'est-elle pas celle de la recherche d'un mécanisme? Dire, comme on le fait parfois, que « tout le cerveau est dans l'esprit, mais que tout l'esprit n'est pas dans le cerveau » est analogue à « tout mon piano est dans la mélodie que je joue, mais toute la mélodie n'est pas dans mon piano ». C'est, en constatant l'existence de niveaux d'organisation, ignorer *leurs corrélations,* et encore mon piano n'a-t-il pas de mémoire! C'est confondre le geste avec le bras qui l'exécute, la fonction avec l'organe qui la réalise. Dire que l'herméneutique [1] ne peut être réduite à l'étude de l'électroencéphalogramme semble une opinion raisonnable. Mais dire que l'étude de la biochimie et de la neurophysiologie cérébrales sera toujours incapable de nous dire comment l'on passe du signe au symbole

1. Étude dont l'objet est l'interprétation et la signification des symboles.

est, je le crois, une affirmation osée. Chaque symbole étant, pour chacun de nous, lié à notre propre histoire, à l'histoire de notre système nerveux, inclus dans une culture elle-même historique, et les facteurs qui sont à son origine étant trop nombreux pour que nous puissions les connaître tous et mesurer leurs influences, multiples et entrelacées, de façon précise, n'implique pas pour autant que nous soyons incapables de comprendre les bases matérielles et structurales qui aboutissent à la fonction symbolique.

Quand Korzybski nous dit : « Le mot chien ne mord pas », il veut dire que le mot chien qui représente une classe d'animaux ne représente pas le chien particulier qui vous a mordu dans votre enfance. Mais si on le prononce devant vous, consciemment ou inconsciemment, cette expérience malheureuse engrammée dans votre système nerveux vous fournira une « représentation » particulière et désagréable, que la vieille dame qui n'a plus que son chien comme compagnon n'éprouvera pas. Le mélange, par l'intermédiaire du symbole linguistique, de la classe et de l'objet, rend le plus souvent l'échange d'informations par les mots pour le moins difficile. Dans un cas le symbole représente un objet particulier appartenant à une certaine classe (un autre niveau d'organisation) et dans un autre, tous les objets appartenant à cette classe qui elle-même n'est pas un objet. On peut accepter que cette erreur fréquente en chacun de nous aboutisse à ce que Bateson a défini comme la « double contrainte » qu'il prétend être à l'origine de la schizophrénie. Nous dirons, quant à nous, que cette erreur sur les niveaux d'organisation résultant de l'emploi inévitable du discours symbolique est une façon d'aboutir à l'« inhibition de l'action » qui peut être envisagée comme étant la source de toute pathologie, schizophrénie comprise. Chacun de nous possède donc sa symbolique personnelle, qui s'inscrit dans un autre niveau, celui de la symbolique interpersonnelle, et ces deux niveaux d'abstraction sont souvent difficiles à accorder.

Mais la question devient encore plus difficile car chez l'homme, le symbole se détachant de l'objet, utilisé alors comme « élément » par les processus associatifs dont nous avons parlé plus haut, ce symbole qui nous permet de nous re-présenter le monde et d'échanger cette re-présentation avec les autres, va lui servir à créer un autre niveau d'organisation, le monde de l'*imaginaire*. Un monde qui, bien que construit avec les éléments sensoriels dont nous avons précédemment schématisé l'organisation dans la formation de l'image, va s'en détacher, et aboutira à la création d'ensembles qui *n'existent pas dans la nature*. Et c'est cela qui a fait croire à l'essence immatérielle de la conscience et de l'esprit. Il ne s'agit donc pas de « réduire » l'herméneutique à des mécanismes sensoriels, mais de comprendre qu'elle constitue un nouveau niveau d'organisation, englobant les niveaux antérieurs, physique et biologique, en corrélation étroite avec eux mais ne se réduisant pas à eux.

En ce qui concerne le mysticisme occidental, judaïque, chrétien ou islamique, on peut constater que l'unanimité n'est pas faite. D'après ce que j'ai pu en lire, n'étant pas spécialiste de la question, il est certain cependant qu'ils ont conscience de l'existence des niveaux d'organisation. Nous l'avons signalé dès notre introduction. Dans la philosophie pérenne (terme proposé par Leibnitz, paraît-il, et repris par Huxley), celle de l'hindouisme, il y aurait sept niveaux d'organisation, le physique ou matériel, le biologique, le mental, le spirituel, le subtil, le causal (ou non manifeste) et l'ultime ou inqualifié [1], que l'on peut réduire selon les bons auteurs à trois : matière, esprit et âme ou instinct, raison et intuition, etc. Mais nous avons vu que beaucoup ont cru comprendre par les écrits des physiciens qu'il existait un rapprochement entre la physique quantique et le mysticisme, ce que Ken Wilber appelle le mysticisme « pop ».

Ce qui me pose un problème dans cette vision mystique de certains physiciens contemporains, c'est que le supérieur ne peut être pour eux issu de l'inférieur. La biologie ne pourrait être issue de la physique, la psychologie de la biologie, etc. Tout l'inférieur est dans le supérieur mais tout le supérieur n'est pas dans l'inférieur. Je suis tout d'abord gêné, je l'ai déjà exprimé, par ces termes de supérieur et d'inférieur et par l'expression de hiérarchie. Il paraît évident qu'un ensemble d'atomes ne peut faire à lui seul une cellule, ni un ensemble de cellules un être humain. Il manque à chacun de ces ensembles la *structure,* c'est-à-dire l'ensemble des relations spécifiques du niveau d'organisation où on les considère. Or nous avons tenté de montrer succinctement comment il semble que l'on puisse comprendre la façon de passer du matériel à l'immatériel, ce dernier étant

1. Ken Wilber, *le Paradigme holographique, op. cit.*

supporté par un matériel structuré d'une certaine façon. Et nous retrouvons la phrase de Wiener citée au début de cet ouvrage : « L'information (la structure) n'est ni masse ni énergie, elle n'est qu'information. » J'ajouterai qu'elle a dans ce cas les *caractéristiques immatérielles de l'esprit.* Si l'on pouvait, malheureusement, en dire autant il y a quelques décennies encore, nous l'avons vu, des « forces » qui structuraient l'atome, maintenaient l'électron en orbite et – plus récemment – les quarks assemblés, peut-on le faire encore aujourd'hui, alors que ces forces ont été reconnues être particules virtuelles, photons, gluons, etc. ? Ces particules ne sont-elles pas porteuses d'information, de mise en forme ? Finalement nous en revenons encore à cet « océan énergétique », qui supporte toutes les forces parcellisées et la matière dans ses niveaux d'organisation dits hiérarchisés.

Or, si je comprends bien, la mystique, sous quelque forme qu'elle se présente, pense rejoindre l'absolu, si bien que cette expérience directe du mystère ne peut trouver sa possibilité de description, car elle serait alors contrainte d'utiliser des mots pour exprimer ce qui ne saurait être une pensée, car nous savons que celle-ci, de l'avis même des physiciens-mystiques contemporains, est dépendante directement de la matière. Ils nous disent que Lao Tzu exprimait cette opinion que : « celui qui sait ne parle pas; celui qui parle ne sait pas ». Ce qui m'oblige à croire en effet que je sais que je ne sais rien, ce qui est un bel exemple de paradoxe.

Ainsi, l'holomouvement de Bohm, cette fabuleuse énergie qui paraît être le fondement de tout, dans lequel tout s'inscrit par multiples niveaux d'organisation, des particules élémentaires à la pensée humaine, les mystiques disent avoir un contact direct, inexprimable, avec lui. Mais alors ce niveau ultime, ce niveau supérieur de conscience ne fait-il pas retour au niveau premier non organisé ? N'est-ce pas en quelque sorte retrouver le grand vide dont nous parlions plus haut, ce vide dont est faite la presque totalité d'un organisme, en oubliant en chemin l'organisation complexe de ses quelques nucléons perdus en lui avec les électrons qui l'entourent ? Nulle image, nulle pensée ne doit y pénétrer, et n'est-ce pas extraordinaire que ces nucléons et ces électrons, qui font battre notre cœur, respirer nos poumons, circuler notre sang, sécréter nos glandes, inconsciemment, réussissent à leur niveau d'organisation – pénétrés qu'ils sont par ce grand mouvement d'énergie sans masse – à se mettre discrètement en vacances ? Car si Dieu (appelez-le comme vous voudrez) est l'essence de tout, il n'est pas au niveau le plus élevé, non plus qu'à aucun niveau en particulier, mais en fait à tous les niveaux. Alors dites-moi comment il faut faire pour le rejoindre avant la mort, qui ne fera d'ailleurs que nous ramener au niveau d'organisation des particules ? Et dans ce cas, avec les amateurs de hiérarchies, n'est-ce pas l'inférieur qui contient tout le supérieur ? Ne devons-nous pas renverser l'échelle ?

Le niveau social

Quand on arrive à la dernière étape, celle des relations entre les groupes sociaux, et à l'intérieur même de ces groupes sociaux, on constate que les relations qui vont s'établir entre les individus et entre les groupes d'individus viendront de l'activité de leur système nerveux; encore faudrait-il longuement développer comment est né, ce qu'est, et à quoi sert le *langage.* Si beaucoup d'animaux savent communiquer entre eux, il manque à leur système nerveux des zones qui se sont développées chez l'homme, semble-t-il, depuis quelques milliers d'années, zones dites de Wernicke et de Broca, qui permettent le langage parlé. La communication dans l'espèce humaine va donc avoir pour support le langage. Il faudrait expliquer pourquoi, en passant du signe au symbole, c'est-à-dire de la relation bi-univoque du signe avec l'objet, à l'imprécision du symbole dont le contenu sémantique varie avec l'expérience de la vie que possède chaque sujet, et celle qui s'est établie au cours des siècles pour chaque groupe humain vivant, dans un espace géoclimatique particulier, la communication a perdu en précision tout en gagnant en richesse. Pourquoi dans ce cas le langage parlé ou écrit fait beaucoup plus appel à l'activité affective unique de chaque individu plutôt qu'à un modèle du monde précis et efficace. Les zones de Wernicke et de Broca sont situées dans l'hémisphère gauche. On s'est aperçu récemment que cet hémisphère permettait à l'homme d'analyser de façon linéaire les caractéristiques de son environnement, d'exprimer cette analyse sous une forme discursive ou mathématique. Alors que l'hémisphère droit était celui de l'appréhension globalisante de l'environnement, celui des synthèses, de l'occupation de l'espace par le geste et celui de la musique, ceci bien évidemment chez les droitiers, qui sont les plus nombreux. Mais nous verrons plus loin que l'activité de l'hémisphère gauche ayant toujours été à l'origine des technologies, résultant au cours des siècles d'une connaissance analytique de l'environnement, les sociocultures et en particulier ce qu'il est convenu d'appeler le monde occidental ont, par l'éducation, toujours favorisé le fonctionnement, l'apprentissage de l'utilisation de cet hémisphère aux dépens le plus souvent de l'utilisation et de l'apprentissage de l'hémisphère droit.

Pourquoi en a-t-il été ainsi? Nous avons dit au début qu'un système nerveux servait à agir, c'est-à-dire qu'il permettait à l'organisme qui en était pourvu de se déplacer dans sa niche environnementale et de contrôler son environnement, pour assurer d'abord l'assouvissement de ses besoins fondamentaux (boire, manger, copuler), et ensuite de se protéger des éléments qui dans cette niche, peuvent être dangereux pour sa survie, son plaisir. Si l'espace dans lequel se trouve un organisme était vide, il n'aurait évidemment aucune raison d'agir sur cet espace. C'est parce qu'il contient des objets et des êtres qui sont nécessaires au maintien de l'information-structure, au plaisir, ou au contraire des éléments qui sont dangereux pour cette conservation, que le système nerveux aura une raison d'agir. Si l'expérience lui apprend que certains objets, certains êtres situés dans son environnement sont nécessaires à son plaisir, à maintenir son information-structure, et que dans le même espace un individu veut utiliser les mêmes objets, les mêmes êtres, dans le même but de renouveler ses actes gratifiants, une compétition entre ces deux individus va naître, chacun d'eux voulant conserver à sa disposition pour ce bien-être personnel les objets et les êtres en question. *Il n'y a donc pas d'instinct de propriété,* il y a simplement l'apprentissage par un système nerveux de l'agrément qui peut résulter de l'emploi ou de l'indispensabilité de garder à sa disposition des objets et des êtres gratifiants. Il n'y a pas non plus d'instinct de défense du territoire, il y a simplement un espace dans lequel des individus trouvent et veulent conserver à leur disposition des êtres et des objets gratifiants. Ces comportements ne sont donc pas innés mais résultent de l'apprentissage du plaisir. De la *compétition* va surgir entre ces deux individus une *relation de dominance,* l'un d'eux s'appropriant préférentiellement l'utilisation des objets et des êtres gratifiants. A partir de cette relation duelle, on peut observer comment se bâtissent, dans les sociétés animales, des relations beaucoup plus complexes aboutissant aux structures hiérarchiques de dominance à l'intérieur des groupes. Ce fut le gros travail qu'ont réalisé depuis quelques décennies, les éthologistes contemporains. Chez l'homme, grâce à ses systèmes associatifs cérébraux, à sa fonction imaginaire, le contrôle de l'environnement s'est fait de plus en plus par l'intermédiaire d'outils, qui ont fourni à l'espèce humaine des moyens beaucoup plus perfectionnés de se protéger contre l'environnement, et d'assurer sa survie – survie de l'individu ou survie des groupes. Ainsi le langage a dû prendre la forme syntaxique et grammaticale que nous lui connaissons aujourd'hui dès que les groupes humains se sont fixés au sol avec l'invention de l'agriculture et de l'élevage et que chaque individu ne fut plus un polytechnicien, mais se spécialisa dans une activité professionnelle particulière. Chaque activité participant à la cohésion de l'ensemble humain, il fallut dès lors que cette cohésion puisse se faire par la communication entre les individus qui le constituaient. Mais à l'intérieur même de ce groupe humain, l'exploitation préférentielle des objets et des êtres gratifiants se fit par compétition et des échelles hiérarchiques apparurent. En réalité, il semble bien qu'au début de l'établissement des premières populations néolithiques, sur des territoires particuliers, le fait d'accumuler des réserves de céréales et d'animaux domestiques permettant de ne plus craindre la famine pendant l'hiver et de ne plus être soumis aux aléas de la chasse, les relations interindividuelles qui s'établirent à l'intérieur du groupe furent d'abord des relations égalitaires et sans contrôle armé. De nombreux faits accumulés par les préhistoriens semblent en apporter des preuves évidentes. Mais, d'une part, l'accroissement démographique brutal qui résulta de cette transformation profonde de la vie des groupes et d'autre part le fait que tous les groupes n'étaient pas arrivés au même point d'évolution technique firent qu'il apparut des compétitions entre les groupes pour l'obtention de territoires et des objets que ces territoires permettaient d'accumuler. Par ailleurs, suivant les ressources qu'un espace géoclimatique était capable de fournir, cette technologie primitive favoriser l'accumulation de biens, variables suivant les régions. Il s'ensuivit une augmentation considérable des échanges et la nécessité d'inventer les monnaies. Mais le cerveau orbito-frontal de l'homme ne lui permit pas seulement d'inventer des outils et de transformer de plus en plus efficacement, grâce à eux, la matière puis l'énergie qui ont toujours été à la disposition de toutes les espèces – comme de l'espèce humaine –, mais il lui permit également l'invention d'armes, de plus en plus efficaces, rendant possible dans le système de compétition qui s'était installé d'établir des dominances entre les groupes. Ce fut l'origine des guerres, pour l'appropriation de nouveaux territoires et des biens qu'on pouvait en extraire. Depuis, ce même cerveau orbito-frontal et les langages, lui permettant de transmettre et de cumuler de génération en génération des acquis techniques, ont permis à l'homme non plus seulement la transformation à son profit de la matière mais une utilisation extrêmement efficace de l'énergie physique. La dominance s'est établie sur la possession de ces acquis techniques, considérés comme la propriété de certains groupes qui leur ont donné naissance, et s'est imposée aux autres groupes par l'invention d'armes de plus en plus redoutables et dévastatrices. Parallèlement, un discours logique dans l'ignorance complète de l'inconscient qui le porte a toujours trouvé des raisons, des alibis, des causes aux guerres, aux meurtres, aux génocides, aux tortures.

Après ce que nous avons dit en commençant concernant les idéologies, on comprend que ce discours ne pouvait exprimer autre chose qu'un sous-ensemble abstrait d'une réalité insaisissable, mais conforme à l'intérêt d'un individu ou d'un groupe.

Jamais ce discours n'était valable pour l'espèce entière.

C'est là la soupe langagière dans laquelle nous nous débattons encore. L'homme a commencé par jeter son regard sur le monde qui l'environnait et qui au début lui était incompréhensible, monde dangereux dont il avait à se défendre en en connaissant les caractéristiques structurales. Il a donc d'abord découvert la physique, la thermodynamique et leur langage, les mathématiques. Son langage parlé lui faisant prendre de la distance par rapport à l'objet, le faisant déboucher sur des concepts, lui a fait croire à sa liberté. En réalité, il fait partie, comme toutes les autres espèces animales, de la biosphère, et il est soumis à ses lois. L'animal, s'il n'obéit pas à ces lois, disparaîtra en tant qu'individu et en tant qu'espèce. L'homme au contraire a cru par sa technique qu'il pouvait ne plus leur obéir mais au contraire les contrôler, les utiliser. En même temps, il a découvert un autre type d'angoisse, car son ignorance ou du moins – ce qui revient au même – sa croyance en sa liberté ne lui a pas permis de trouver de systèmes englobants, un niveau d'organisation pouvant lui dicter ses règles comportementales. Il les a donc inventées. Ce furent les mythes, les religions, les morales, les lois étatiques. Ayant alors à sa disposition des règles d'action, il pouvait agir et occulter son angoisse, l'angoisse étant pour nous fondamentalement liée à l'inhibition de l'action, dont les causes sont multiples, mais dont une des principales est le déficit informationnel. Et là encore, ces mythes, ces religions, ces morales, ces lois étatiques n'étaient jamais valables pour l'espèce tout entière, mais pour des sous-groupes agressifs et prédateurs.

Quand les sociétés fourniront à chaque individu, dès le plus jeune âge, puis toute sa vie durant autant d'informations sur ce qu'il est, sur les mécanismes qui lui permettent de penser, de désirer, de se souvenir, d'être joyeux ou triste, d'être calme ou angoissé, furieux ou débonnaire, sur les mécanismes qui lui permettent en résumé de vivre, de vivre avec les autres, quand elles lui donneront autant d'informations sur cet animal curieux qu'est l'homme qu'elles s'efforcent depuis toujours de lui en donner sur la façon la plus efficace de produire des marchandises, la vie quotidienne de cet individu aura la chance d'être transformée. Comme rien ne peut l'intéresser plus intensément que lui-même, quand il s'apercevra que l'introspection lui a caché l'essentiel et déformé le reste, que les choses se contentent d'être et que c'est nous, pour notre intérêt personnel ou celui du groupe auquel nous appartenons, qui leur attribuons une « valeur », sa vie quotidienne sera transfigurée. Il se sentira non plus isolé mais uni à tous à travers le temps et l'espace, semblable et différent, unique et multiple à la fois, conforme et particulier, passager et éternel, propriétaire de tout sans rien posséder, et cherchant sa propre joie, il en donnera aux autres.

***

La notion de niveaux d'organisation, la biologie avec sa biosphère, ses espèces, ses groupes, ses individus, la physique avec ses atomes, ses nucléons, ses électrons, ses particules actrices et ses particules vectrices, une certaine interprétation philosophique de la notion de quanta ont incrusté dans l'esprit des hommes contemporains une idée du monde qui repose sur des pièces détachées de plus en plus petites en relation entre elles, de telle façon qu'elles constituent des objets de plus en plus petits, de plus en plus fins, mais tous séparés les uns des autres pour se réunir progressivement et réciproquement comme dirait Pierre Dac, en des objets de plus en plus gros. La dynamique quantique n'a pas d'influence apparente sur la façon dont une lionne va guetter et sauter sur une gazelle, ou sur celle dont l'ayatollah Khomeyni envoie ses troupes enfantines à la mort pour la plus grande gloire d'Allah. La dynamique quantique n'a eu aucune influence apparente sur l'Inquisition, la guerre de 14-18 ou la venue au pouvoir de Pinochet. Et pourtant Pinochet, et les Vendéens de la Tranchée des baïonnettes étaient construits avec des atomes et des molécules qui, aux niveaux d'organisation sous-jacents, répondaient à la chromodynamique quantique. Le plus étonnant c'est que celle-ci s'intègre assez bien aux cosmologies modernes, qu'elle a remarquablement vivifiées. Il n'y a que le niveau d'organisation du vivant qui s'intègre mal dans tout cela, qui lui paraît étrange et étranger.

L'individu s'est fait un modèle mental de l'univers en associant des pièces détachées, et se situe dans cet ensemble cosmique comme une pièce détachée aussi, mais une pièce à part. Il voit ses semblables comme d'autres pièces détachées qui lui ressemblent sans être lui. Dans ce monde humain, il voit s'organiser autour de lui la famille, les groupes professionnels, confessionnels, politiques, ethniques, nationaux, étatiques, et les blocs d'États. L'humanité s'est ainsi fragmentée et l'individualisme est devenu une morale, qui tente de s'opposer à une vision dite totalitaire, la morale des groupes. Toutes ces morales répondent en fait à la définition que nous avons donnée, au début, des idéologies. Nous avons écrit, il y a déjà bien des années, qu'il nous semblait que la finalité de l'individu était aussi celle de l'espèce, survivre, mais qu'entre les deux s'interposait celle des groupes, ayant comme seule finalité la survie du groupe, que celui-ci croyait ne pouvoir réaliser que par l'établissement de sa dominance sur les autres groupes. Or un groupe est composé d'individus, mais ce qui en établit la cohésion, à ce nouveau niveau d'organisation, c'est un ensemble de relations entre les individus et nous avons montré comment et pourquoi ces relations s'étaient toujours établies, depuis le début du néolithique en particulier, sur une échelle hiérarchique de dominance. C'est ainsi que l'individu ne réalisa sa survie qu'en se soumettant à cette échelle hiérarchique, en d'autres termes, en défendant la cohésion du groupe par soumission à ses échelles hiérarchiques de dominance, permettant l'établissement de la dominance du groupe sur les autres groupes humains.

Or ces échelles hiérarchiques de dominance entre les individus, entre les groupes d'individus, les États résultent elles-mêmes de comportements, émanant d'un niveau d'organisation biologique terriblement simpliste et mécaniste. Mais malheureusement, chez l'homme, on fait appel à la « pensée » pour s'affubler d'une défroque langagière prétendument logique, sûre de son bon droit, de ses jugements de valeur, sûre de l'exactitude de ses préjugés. Il s'agit d'une bouillie de pensées dites élaborées, ne traitant que d'un aspect, intéressé toujours, d'un sous-ensemble de sous-ensembles, et l'élevant au rang de vérité première. L'inconscience des discours politiques et de ceux qui les prononcent mène à cet égard à des réalisations parfaitement réussies. Il n'y a pas que les discours politiques dans ce cas sans doute, ceux concernant l'éthique, la morale (comme s'il n'existait que celle de qui en parle), la santé, la génétique, l'amour des autres... et de la patrie, qui ne comprend pas celle d'à côté, sont évidemment du même acabit. Et celui que je viens de rédiger ne s'en distingue pas, à l'évidence.

C'est en cela que le « secret des secrets », la notion de niveaux d'organisation permet peut-être de se méfier de la toxicité de cette bouillie qui meuble nos crânes. Elle permet de ne jamais se limiter, dans l'examen d'un problème, au sous-ensemble qui nous est proposé. De ne jamais, en présence d'un événement, d'une action, se restreindre à l'intérêt de l'individu, ou du groupe (d'autant plus que celui-ci est plus important et plus dominant), mais de considérer si possible la signification de l'événement et de l'action à l'égard de l'espèce, c'est-à-dire de l'humanité tout entière.

Nous comprenons alors que si nous sommes distincts c'est que nous nous attachons à un seul niveau d'organisation, celui qui nous « intéresse » le plus du fait de notre histoire personnelle, inscrite dans celle de notre culture. Je me méfie aussi de certains langages qui à partir de la notion de niveaux d'organisation admettent que le niveau « supérieur » commande à l' « inférieur » et assurent que l'individu ne fait qu'exprimer la conscience de l'humanité. Pauvre conscience de l'humanité qui s'exprime alors par la peur, la jalousie, la haine, par le génocide et le meurtre d'une partie d'elle-même. Je pense au contraire que c'est la conscience parcellisée, en petits morceaux, de l'individu, qui aboutit à la conscience elle-même parcellisée de l'espèce et interdit à celle-ci de se totaliser.

C'est à cause de cela, semble-t-il, que la physique contemporaine débouchant, comme la mystique, sur la globalité indescriptible permet peut-être d'envisager l'homme au sein de l'humanité, supporté par une force non parcellisée et de transformer l'individu avant de transformer l'ensemble. Mais alors qu'on ne parle plus de ces fausses mystiques, de ces religions qui n'ont jusqu'ici été qu'une arme efficace pour établir ou maintenir des dominances. Ceux qui furent à l'origine d'une mystique ont rapidement été crucifiés par l'exploitation logique qu'ont faite de leur message leurs épigones. Transformer en discours logique ce qui ne possède absolument pas la logique du discours aboutit forcément à l'absurde. Mais l'absurde présenté sous une forme logique trouve toujours des partisans. C'est une des raisons qui font que je souhaite ne point en avoir.

***

Et puis je viens d'entendre le *Requiem* de Mozart. Des sons, des fréquences, un système complexe qui les enregistre et les transmet dans des voies nerveuses où elles retrouvent une multitude de souvenirs, de symboles de mon existence passée. Et tous ces mécanismes, qui ne fonctionneraient pas si j'étais sourd, sont cependant capables de me faire pénétrer dans un monde sans matière, sans énergie, en dehors du temps et de l'espace, de me faire participer à l'absolu. Alors n'y a-t-il qu'un moyen d'y participer, en supprimant en soi toute image visuelle ou sonore, et le *Requiem* n'est-il qu'un hologramme dérivé de l'holomouvement ? Dans ce cas, ne le répétez pas, je préfère Mozart à Lao Tzu.

4

L'univers

Jusqu'à une époque récente, on a considéré que l'univers était immuable et éternel. Mais vers 1920, un mathématicien et météorologue soviétique, Alexander Friedmann, reprenant les calculs d'Einstein, trouva que contrairement à l'opinion première de celui-ci qui considérait un univers statique, l'univers en réalité devait être soit en expansion, soit en contraction. Mais ce n'est qu'en 1927 que l'abbé Georges Lemaître, un Belge, reprit la cosmologie de Friedmann pour expliquer le décalage vers le rouge des galaxies.

Pour faire comprendre ce décalage, on utilise très généralement l'exemple de la sirène d'un train qui passe. La hauteur du sifflement du train devient de plus en plus aiguë à mesure qu'il s'approche, puis de plus en plus basse à mesure qu'il s'éloigne. En s'approchant, les ondes sonores nous parviennent à la vitesse du son *plus* la vitesse du train. En s'éloignant la vitesse du son (sa fréquence) diminue car il faut lui retrancher la vitesse du train qui s'éloigne. On peut même mesurer la vitesse du train en mesurant les variations de la fréquence du sifflement.

C'est ce que l'on appelle le décalage Doppler.

Les étoiles des galaxies lointaines nous envoient une lumière ayant certains spectres d'énergie et de fréquences. Hubble en les mesurant et en les comparant à celles de matériaux identiques au repos dans son laboratoire, trouva que ces spectres étaient décalés vers l'extrémité rouge du spectre visible. Il interpréta ce décalage comme un effet Doppler et en déduisit la vitesse de récession des sources lumineuses. La loi de Hubble (1929) exprime la relation de proportionnalité entre la vitesse de récession des galaxies éloignées et leur distance. Mais dans son expression primitive, il existait de nombreuses imperfections de cette théorie, et il fallut deux décennies avant de les résoudre.

On peut en déduire aujourd'hui que l'explosion qui donna naissance à l'univers a commencé il y a environ quinze milliards d'années, si le taux d'expansion a été constant dans le temps. Les galaxies s'éloignent de nous avec une vitesse d'autant plus grande qu'elles sont plus éloignées. Les plus lointaines, photographiables, s'éloignent à une vitesse de 200 000 km/s, les deux tiers de la vitesse de la lumière. On admet généralement que le paramètre de Hubble est environ de 20 km/s par million d'années-lumière. Si une galaxie fuit à 2 000 km/s, elle se trouve à une centaine de millions d'années-lumière. Conséquence importante de cette loi : si nous apercevons une galaxie fuyant à 300 000 km/s, vitesse de la lumière, elle nous apparaîtrait dans l'état où elle se trouvait il y a quinze milliards d'années, au moment du big bang. C'est la limite de l'horizon cosmologique, puisque la vitesse de la lumière (300 000 km/s) est considérée comme la vitesse limite. Cependant, il faut souligner que des discussions, souvent véhémentes, opposèrent les partisans d'un univers en état stationnaire et ceux du big bang jusqu'en 1960. Certains phénomènes vinrent soutenir la deuxième opinion, celle du big bang.

L'obscurité du ciel la nuit n'a pas d'explication simpliste. Dans un univers statique et infini, avec des galaxies distribuées dans tout l'espace, il n'y aurait pas de raison pour que nos yeux ne rencontrent pas partout la lumière d'une étoile et le ciel de nuit devrait être aussi lumineux qu'une étoile. Heinrich Olbers dès 1823 donna son nom à ce paradoxe. Mais si l'univers est fini, en regardant le ciel la nuit, nous voyons alors les événements tels qu'ils furent dans le passé, compte tenu du temps que la lumière met à parvenir jusqu'à nous. Si l'univers a dix milliards d'années, seules les galaxies d'un âge moindre peuvent briller dans le ciel de nuit. Le paradoxe d'Olbers devenait explicable. Récemment, J. Anthony Tyson et P. Seitzer [1] ont pris, grâce à certaines astuces photographiques, des images de galaxies de 27e grandeur, situées semble-t-il à 70 ou 80 % de la limite de l'horizon cosmologique.

Par ailleurs, en 1965, A. Penzias et R. Wilson découvrirent un rayonnement de micro-ondes venant du fond cosmique et qui avait la même intensité

1. Voir revue de M. Mitchell Waldrop, « The Universe in Depth », *Science, 234,* 1202, 1986.

quelle que soit la région observée du ciel. Cette *isotropie* confirmait plutôt son origine cosmique. Les cosmologues identifièrent ce rayonnement avec celui qui était le vestige du big bang. Il avait les caractéristiques du rayonnement d'un *corps noir*. Ces micro-ondes s'étendent sur une bande de longueurs d'onde allant d'un millimètre à quelques centimètres, et aucune étoile ou galaxie n'émet dans cette bande. Le rayonnement est d'ailleurs si uniforme qu'on ne peut imaginer suffisamment de galaxies dans tout l'univers pour produire et maintenir son intensité sans fluctuations au niveau observé. On admet donc que ce rayonnement cosmique ne peut avoir pour origine que celle même de l'univers, et qu'il en constitue un élément aussi fondamental que la matière.

Nous avons vu que le rayonnement cosmique a les caractéristiques d'un corps noir. Qu'est-ce que le corps noir ? Construisez une cavité telle qu'aucun rayonnement ne puisse y pénétrer, ni en sortir. La matière à l'intérieur de la cavité atteindra l'équilibre thermodynamique avec les parois, et le rayonnement dans la cavité est celui d'un corps noir à la température des parois. Plus celles-ci sont froides, plus la longueur d'onde est grande. Le rayonnement cosmique correspond à une température de trois degrés Celsius – au-dessus du zéro absolu. Ainsi, le rayonnement du corps noir ne dépend que de sa température. Tout four chauffé à une certaine température est plein d'un rayonnement électromagnétique dont les longueurs d'onde sont régies par une loi due à Planck, et l'univers entier peut être considéré comme un four. Au big bang, il était à une température inimaginablement élevée, mais au cours de son évolution, il s'est refroidi. Gamow avec sa théorie du big bang chaud avait prédit une température actuelle de – 268 °C. Ses longueurs d'onde sont concentrées vers un millimètre, soit à trois degrés au-dessus du zéro absolu – trois degrés Kelvin. L'univers entier est un four à 3 K, souvenir d'un passé terriblement chaud : argument favorable à l'hypothèse du big bang.

Le big bang et un peu après

D'après la relativité, l'espace étant au début infiniment courbé, son rayon de courbure en fonction du temps était nul. Puis il s'est mis à croître brusquement; puis plus lentement. La fuite des galaxies en fonction de la dilatation de l'espace est comparée parfois à ce qui se passe pour les grains de raisin d'un cake, dont la pâte remplit tout l'espace, mais se dilate avec la cuisson. L'espace s'agrandissant, les astres qui y sont contenus sont entraînés par la dilatation. Ainsi, le rayon de courbure de l'univers s'accroissant, son volume s'accroît également.

Pour ce qui est du futur, rien n'est encore décidé pour les astrophysiciens. L'univers de la relativité générale à partir du big bang peut suivre une expansion sans fin ou au contraire se contracter à nouveau jusqu'à l'écrasement total. Dans le second cas l'espace est sphérique, dans le premier hyperbolique. De toute façon, cela nous laisse le temps de revenir sur ce sujet qui ne manque pas d'intérêt – mais pas absolument immédiat.

Qu'arrive-t-il à l'univers après le temps considérable d'une seconde ? Nous aurons l'occasion de voir que les choses vraiment intéressantes pour un philosophe se sont passées dans le temps de Planck de 10^{-43} secondes, car pendant cette période les astrophysiciens nous disent que tout l'univers aujourd'hui observable avait un diamètre de 10^{-55} cm.

Voyons-le, tout d'abord, une seconde après le temps zéro du big bang. Sa température aurait été de 100 milliards de degrés. Aucune molécule, aucun atome ou noyau d'atome ne peut la supporter. Mais déjà les formes élémentaires sont apparues : protons, neutrons et électrons. On nous dit et il faut le croire, que la courbure de l'espace est telle que cette matière a une densité de 1/10 000 de g/cm^3, alors qu'aujourd'hui elle est réduite à 10^{-31} g/cm^3.

Ainsi, il semble bien que l'ensemble de l'univers ait été comprimé au début en un point unique de densité infinie. Cet instant primordial a été appelé *singularité* et a eu lieu il y a moins de seize milliards d'années. Une singularité est un état où il n'y a plus rien : ni matière, ni espace, ni temps. Or vers 1960, le théorème de Penrose et Hawking, n'utilisant que des hypothèses pouvant être confirmées par l'observation, montra que la théorie de la gravitation d'Einstein permet de concevoir l'existence d'une singularité de l'espace-temps si la force d'attraction est toujours positive (mais l'est-elle ?) et s'il existe assez de matière dans l'univers pour créer une *région piège.* Si nous tenons compte de la gravitation, deux rayons lumineux se courbent et convergent légèrement l'un vers l'autre par leur attraction gravitationnelle ou par la présence de la matière. On sait par exemple que pendant les éclipses de soleil, des étoiles cachées par cet astre peuvent néanmoins être observées, car leurs rayons lumineux sont déviés par la masse solaire, ce qui permet de les voir sur ses côtés. Ainsi, supposons que suffisamment de matière s'accumule dans une région de l'univers, l'attraction qu'elle exercera empêchera tout rayon lumineux qui s'en approchera suffisamment d'en sortir [1]. C'est là une surface piège. Le fond de rayonnement cosmique montre que l'univers tout entier a possédé une surface piège. Il existe donc une singularité à l'origine de notre univers en expansion.

Des régions pièges locales peuvent exister dans cet univers que les astronomes appellent des *trous noirs.* Il est étonnant de savoir qu'en 1783, un ecclésiastique britannique, John Michell, avait pensé que la lumière devait être composée de petits corpuscules se déplaçant à grande vitesse. Il eut l'idée que si un objet assez massif et petit atteignait la vitesse de la lumière, il serait invisible à des observateurs éloignés car la lumière serait « piégée » par cet objet. Il suggéra que cet objet ne pourrait être détecté que par le mouvement orbital anormal qu'il infligerait à une étoile dont il pourrait être le compagnon invisible. On croit aujourd'hui que certaines étoiles à neutrons peuvent s'effondrer sur elles-mêmes et donner naissance à un trou noir. Si nous imaginons une sphère où le champ gravitationnel peut empêcher même la

1. Voir à ce sujet la notion de « vitesse d'échappement », p. 211. Dans un trou noir, la densité de la matière est telle que pour s'en échapper, il faudrait atteindre une vitesse supérieure à celle de la lumière.

lumière d'en sortir, la formule de Michell en donne le rayon qui correspond à une vitesse d'évasion égale à la vitesse de la lumière. La surface sphérique qui correspond à ce rayon s'appelle l'*horizon* du trou noir. Si nous pénétrions au-delà de cet horizon, d'une part nous ne pourrions plus revenir en arrière, et d'autre part, nous serions soumis en approchant de son centre à des forces gravitationnelles de plus en plus intenses qui nous démantibuleraient en pièces détachées de plus en plus petites. L'espace et le temps dans lesquels nous vivons n'existeraient plus à la rencontre de la singularité. De plus on ne peut savoir ce qui s'y passe. Il peut s'agir d'un chaos inimaginable accompagnant un bouleversement des lois physiques que nous avons eu tant de peine à établir. Mais dans les systèmes aléatoires, les lois statistiques existent encore : on ne peut prévoir un événement mais une séquence d'événements peut l'être.

Un détail susceptible de vous intéresser : les trous noirs sont capables de *s'évaporer*. En 1974, S. Hawking montra que la création de paires virtuelles (voir plus haut) a lieu à l'horizon d'un trou noir. Si l'un des membres de la paire pénètre sous l'horizon, l'annihilation ne peut plus avoir lieu et l'autre particule s'échappe dans l'espace en tant que particule réelle. Le trou noir devient ainsi moins massif qu'il n'était avant. Mais au fur et à mesure de son évaporation, la masse du trou noir diminuant, la courbure de son horizon s'accentue progressivement et la création de particules est accélérée. Il finit par disparaître en explosant, en laissant – pour certains – une singularité nue de l'espace-temps en son centre. Les astronomes ont cherché, jusqu'ici en vain, à découvrir ces explosions des petits trous noirs. La question n'est pas sans importance, parce que s'ils y parvenaient, ils pourraient assister à un processus de gravitation quantique, reproduisant en miniature ce qui est survenu au moment du big bang et laissant une singularité de l'espace-temps. Les cosmologistes nous disent qu'il existe au moins une singularité nue : le big bang. Or l'univers dans lequel nous vivons paraît être parfaitement ordonné, plutôt que chaotique.

Revenons à la première seconde après le big bang. A cause de la température élevée, les radiations électromagnétiques, rayons gamma surtout, sont dix millions de fois plus abondantes que la matière. La masse du cosmos est surtout faite de radiations puisque $E = mc^2$.

Mais au temps cosmique de dix secondes, l'expansion de l'espace s'accompagne d'une chute thermique de quelques milliards de degrés. Les radiations perdent de leur énergie primitive et quand un proton rencontre un neutron, qu'est-ce qu'ils se racontent ? – une histoire de deutérium dont le noyau a plus de chances de persister, puisque les radiations sont diminuées. La production de deutérium augmente jusqu'à trois minutes, puis est remplacée par celle d'hélium-3 (un deutérium et un proton) et d'hélium-4 (deux deutérium) plus un petit peu de lithium (comme quoi en ces instants précoces de la formation de l'univers, la thérapeutique des maniaco-dépressives était déjà prévue).

Un quart d'heure après, le volume de l'univers s'est tellement agrandi que les noyaux ont perdu l'occasion de se rencontrer. Nous sommes alors en présence de protons surtout, d'hélium, un peu moins, avec un peu de deutérium et quelques traces de lithium. Noyaux et électrons sont emmagasinés dans un rayonnement électromagnétique intense, comprenant surtout des rayons X, moins méchants que les rayons gamma du début. La densité des électrons libres est si grande que le rayonnement ne peut se propager à longue distance.

L'expansion continuant, la température s'abaisse et pendant de nombreux siècles, il ne s'est plus rien passé de notable si ce n'est que la température continue à s'abaisser et que les ultraviolets remplacent les rayons X.

Vers l'âge de 300 000 ans, notre univers a vu sa température s'abaisser au-dessous de 5 000 °C, et les associations entre noyaux et électrons sont autorisées par la diminution de rayonnement. Les atomes d'hydrogène et d'hélium apparaissent et les électrons ayant perdu leur liberté, devenus dépendants des noyaux, ne s'opposent plus au rayonnement et celui-ci va pouvoir se promener librement. Or le rayonnement à 3 K que nous avons rencontré de façon diffuse dans notre univers journalier s'est propagé à sa convenance depuis quinze milliards d'années, desquelles il faut soustraire les 300 000 ans pendant lesquels il était prisonnier. Mais pendant son voyage à partir de cette époque jusqu'à nous, il s'est lentement refroidi jusqu'à la température d'aujourd'hui.

A partir de ces 300 000 ans, la matière, parente pauvre de l'univers jusque-là, va prendre le dessus sur le rayonnement et, par la gravitation, contrôler l'expansion.

Puis rien ne se passe plus pendant des millions d'années. Le « secret des secrets » nous laisserait-il en panne ? Bien sûr que non, puisque nous avons tout de même dépassé le niveau d'organisation de l'hydrogène et de l'hélium! Mais la description précédente des premiers instants de l'univers a été extrêmement superficielle. Je voudrais reprendre ces premiers instants en faisant confiance aux astrophysiciens, auxquels vous serez bien obligés de faire confiance vous-mêmes.

Tout d'abord souvenons-nous de l'effort fait par nos physiciens pour unifier les forces de la nature. Il faut une très haute énergie pour que leur convergence puisse réaliser une valeur unique, puisque les interactions varient avec l'énergie. Aux premiers instants du big bang, la température était telle que la grande unification des forces fut possible. Rappelons que les quarks, quand les énergies deviennent infiniment grandes, ne ressentent plus de forces de cohésion et se comportent comme des particules libres. C'est ce que les physiciens appellent la *liberté asymptotique.* On compare celle-ci aux forces élastiques. Si on tire sur les extrémités d'un élastique, la force qui tend à rapprocher les deux bouts augmente, alors que si ceux-ci sont ramenés à leur position de départ, la force disparaît. Nous savons que les quarks sont réunis par des particules vectrices, les gluons, qui se comportent un peu comme un élastique. Quand les quarks sont très rapprochés, ils deviennent libres.

La liberté asymptotique laisse prévoir qu'aux énergies de plus en plus élevées, les interactions entre particules élémentaires deviennent de plus en plus faibles. Au premier instant dont nous puissions nous faire une idée (encore que ce soit pour moi difficile), le moment de Planck (pour vous faire plaisir : $t_P = 1{,}33 \times 10^{-43}$ s), la température atteignait, paraît-il, 10^{32} Kelvin et il existait une complète symétrie entre interactions forte, faible, et électromagnétique (voir plus haut) dont les intensités étaient identiques. Mais l'univers se refroidit et les interactions deviennent distinctes. A 10^{-35} s l'interaction forte se sépare des autres, et ce n'est qu'à 10^{-11} s que l'électromagnétique et la faible se séparent et deviennent ce qu'elles sont aujourd'hui. Dans notre monde froid, à basse énergie, les quarks et les gluons possèdent la propriété de couleur. Les interactions faibles et électromagnétiques agissent sur des particules légères (les leptons) dont les électrons et les neutrinos, qui ne possèdent pas la propriété de couleur et ne sont pas sensibles à l'interaction forte. Or la couleur que possède un groupe de particules est constante au cours d'une interaction, même si le nombre de particules possédant une charge varie. A basse énergie, on ne peut donc transformer les quarks, qui sont colorés, en leptons qui sont pâles et réciproquement. Pour parvenir à cette unification, il faut faire appel aux particules X. Le boson X est la particule colorée qui peut transformer les quarks en leptons. Cette particule est comme le photon, mais nous l'avons déjà dit, extrêmement massive et n'existant qu'avec de considérables quantités d'énergie. Possédant à la fois la couleur et la charge électrique, il peut équilibrer le bilan de transformation entre quarks et leptons. Quand l'univers était encore à la douce température de 10^{27} K, les bosons X réalisaient une transmutation continue entre eux. Avec le refroidissement, les bosons X disparurent progressivement et les forces travaillèrent séparément pour leur propre compte.

Nous avons vu (p. 79) qu'en 1927, Paul Dirac avait prédit l'existence d'une forme complémentaire de la matière, appelée antimatière, qui permet d'en assurer la stabilité. On sait qu'il existe un positron complémentaire de l'électron et un antiproton de charge négative. Mais alors pourquoi n'observe-t-on jamais d'antimatière dans l'espace ? Il n'y a pas, semble-t-il, d'antiplanètes, ni d'antigalaxies. Si elles rencontraient une planète ou une galaxie, il en résulterait un rayonnement gamma dû à l'annihilation et ça se saurait. Alors pourquoi ce favoritisme en faveur de la matière ?

Si nous attribuons aux baryons (protons, neutrons) un nombre + 1 à une particule, et – 1 à une antiparticule, la somme totale des particules d'un système est appelée *nombre baryonique*, car les leptons (électrons, neutrinos, par exemple) ne possèdent pas de nombre baryonique. Ce nombre baryonique reste toujours le même. C'est une loi de conservation comme celle de l'énergie. Or si ce nombre, dans l'univers, est aujourd'hui élevé, c'est que dès le départ, au moment du big bang, il y avait 10^4 particules + 1 pour une particule – 1 dans l'espace. Pour qu'aujourd'hui il y ait environ deux milliards de photons pour un proton dans l'univers, il faut qu'au moment du big bang, il soit apparu un milliard et *un* protons pour chaque milliard d'antiprotons. Les antiprotons se sont annihilés avec leur milliard de partenaires et ont donné deux milliards de photons pour un proton restant. C'est simple, non?

Au moment où l'univers était âgé de 10^{-35} s, les particules X et leurs antiparticules $\bar{X}$ semblent avoir été produites en quantités égales. Quelques fractions de secondes plus tard, les X et les $\bar{X}$ se désintègrent en quarks et en leptons, mais cette désintégration se serait faite en nombres *inégaux* de quarks et d'antiquarks. Quand l'univers se refroidit plus tard, les quarks et antiquarks se sont combinés en protons et antiprotons avec un excès de protons par rapport à ces derniers. Dès ses débuts l'univers s'est montré fondamentalement injuste et il a fallu attendre les immortels principes de 1789 [1] pour retrouver la notion d'égalité.

Ensuite le refroidissement progressif fait disparaître les particules W et Z que nous savons être les médiatrices entre les interactions faible et électromagnétique et ces forces commencent à opérer différemment l'une de l'autre. Après une milliseconde d'expansion cosmique, la température est devenue assez basse et commence le processus de *confinement.* Rappelons que les quarks interagissent faiblement à courte distance mais de plus en plus fortement quand on les éloigne (rappelez-vous l'histoire de l'élastique). Au fur et à mesure du refroidissement dû à l'expansion, les voilà qui commencent à s'associer, et que se

1. La Révolution française de 1789 a été définie par Michelet comme « l'avènement de la loi, la résurrection du droit, la réaction de la justice », ou plus banalement Liberté, Égalité, Fraternité.

matérialisent les protons et les neutrons, c'est-à-dire que commencent à apparaître les premières « pierres » du monde présent. Ces protons et ces neutrons se promènent dans une bouillie d'électrons, de positrons, de photons – et j'en passe!

Un astrophysicien japonais, Chrishiro Hayashi, en 1951, montra que lorsque les quarks se sont réunis en nucléons, jusqu'à un temps cosmique d'une seconde après le big bang, les neutrinos ont joué un rôle important. C'est d'autant plus étonnant que le neutrino n'est sensible qu'à la gravitation et à l'interaction faible. Et cependant, avant la première seconde de l'univers, ce sont eux qui auraient permis la transmutation des protons en neutrons et vice versa. Mais le neutron est un peu plus lourd que le proton et il faut un peu plus d'énergie pour le produire. L'univers étant sans doute devenu paresseux avec le refroidissement progressif, les protons deviennent un peu plus abondants que les neutrons. Puis l'interaction des neutrinos cesse et le nombre relatif des protons et des neutrons se stabilise. Les cosmologistes admettent qu'il n'existe que trois ou quatre types de neutrinos, sans quoi il y aurait aujourd'hui plus d'hélium qu'on n'en trouve – et il constitue cependant un quart de toute la matière qui nous entoure [1].

L'univers inflationnaire

Revenons à 10^{-35} s après le big bang; nous avons vu que les bosons X et $\bar{X}$ se désintègrent en quarks et

1. Voir l'article de Hans Christian Von Baeyer, « Physics finds a chilhood », *The Science*, 8-10, juillet-août 1986.

leptons, et ne pourront dès lors plus exister que sous forme virtuelle. C'est à cette époque que se fait la brisure de symétrie de la Grande Unification.

Au-dessous d'une certaine température critique, le vide, symétrique jusque-là, va subir une *transition de phase*, qui va fournir une symétrie brisée. On compare généralement cette transition de phase à celles qui surviennent avec l'eau liquide qui passe en phase gazeuse à 100 °C et en phase cristalline à 0 °C.

A haute énergie, le vide est symétrique et l'intensité des bosons est nulle. A basse énergie, certains bosons de Higgs se disposent selon des valeurs privilégiées. Quand le vide passe d'un niveau à haute énergie à un niveau à basse énergie, comme lorsque l'eau passe de l'état liquide à l'état solide, il libère une énorme quantité d'énergie. Le changement de phase survenu à 10^{-35} s de la naissance de l'univers aurait libéré une quantité considérable de chaleur latente et la pression de ce rayonnement aurait provoqué une inflation brutale des régions de l'espace. C'est du moins une explication qui a la faveur actuelle des physiciens.

A ce moment la dimension des régions capables de communiquer entre elles s'accroît de façon spectaculaire. Les processus de frottement peuvent aplanir les irrégularités antérieures et la taille des régions qui sont ainsi homogénéisées est limitée par la distance que peut traverser la lumière en fin d'inflation. Ce sont les hétérogénéités subsistantes de densité qui ont fourni, semble-t-il, les germes ayant donné naissance aux galaxies. Cette période inflationnaire aurait duré 10^{-32} s.

Mais cette énergie libérée par la transition de phase dans tout l'espace a réchauffé l'univers. Les bosons de Higgs qui sont apparus au moment du passage au vide à symétrie brisée ont une énergie considérable capable de créer des quantités de particules variées. L'espace est parcouru de particules – ce qui nous ramène à l'époque d'une seconde, où nous l'avions momentanément laissé.

Mais à la fin de la période inflationnaire, à 10^{-32} s, les équations des modèles relativistes du big bang montrent que tout notre univers actuel observable n'avait alors que 10 centimètres de diamètre. La théorie de l'inflation permet d'interpréter l'isotropie et l'homogénéité du cosmos, que la théorie standard n'expliquait pas. Elle explique aussi la faible courbure de l'espace observable à la limite entre le sphérique et l'hyperbolique inexpliquée aussi par la théorie standard. Pardonnez-moi de ne pas vous en développer les raisons.

Comme l'écrit Heidmann [1], « notre immense univers d'aujourd'hui, avec toute sa matière et tous ses astres par milliards de galaxies de milliards d'étoiles, n'était pas plus grand qu'une pomme quand il a pris naissance, à la fin de la période inflationnaire, et cette pomme venait d'un grain de “ vide ”, un milliard de milliards de milliards de milliards de fois plus petit qu'un noyau d'atome actuel ». Avouez que la vulgarisation de la cosmologie remplace avantageusement le jeu de loto dans les soirées de famille!

1. Jean Heidmann, *l'Odyssée cosmique, op. cit.*, p. 56.

Et après?

Si nous reprenons la définition de la structure proposée au début de cet ouvrage, nous constatons que notre univers apparent est structuré. Nous y retrouvons même le « secret des secrets », la notion de niveaux d'organisation. Nous y trouvons des galaxies, ensemble d'étoiles, des amas de galaxies et des superamas de galaxies. La loi de Hubble, du décalage vers le rouge avec la distance, a permis de calculer la distance de milliers de galaxies. En trois dimensions notre univers nous révèle une distribution des galaxies dans des structures filamentaires ou en feuilles. De plus ces structures sont réparties à la surface de volumes énormes qui eux sont dépourvus de galaxies lumineuses.

Ces fluctuations de densité résultent de l'attraction gravitationnelle supplémentaire qui apparaît lors d'un léger excès de masse par rapport à la densité moyenne, et qui permet à la fluctuation de s'accroître au cours du temps. Mais du fait de l'expansion, la densité moyenne de l'univers décroît au cours du temps, de même que le faible excès de densité de la fluctuation qui de ce fait peut difficilement s'amplifier. Alors? Il faut qu'il y ait eu de petites fluctuations au commencement de l'univers pour que s'établissent de grandes fluctuations au moment de la formation de galaxies. Les astrophysiciens pensent pour plusieurs raisons que ces fluctuations primitives se sont formées plus d'un an après la naissance de l'univers. Et c'est encore la théorie de l'univers inflationnaire qui, paraît-il, permet de fournir une explication. Permettez-moi de ne pas vous en communiquer le détail [1].

Je ne pénétrerai pas non plus dans la description du rôle des neutrinos dans la formation des galaxies. Mais ceux-ci sont aussi mis en cause dans la formation de la masse cachée de l'univers, que les astronomes estiment à 90 % de la masse totale. Cette opinion provient par exemple de l'étude de la courbe de rotation des galaxies, la nôtre y compris. La vitesse de rotation ne décroît pas à mesure que la distance augmente à partir du bord de la galaxie comme par exemple la vitesse orbitale des planètes décroît avec la distance au Soleil, ce qui fait suspecter un halo étendu de *matière obscure.* Ce serait l'essentiel de la masse des galaxies spirales. Or si cette masse obscure de matière a l'importance qu'on lui suppose, la densité moyenne de l'univers atteint la valeur critique pour laquelle il ne peut continuer indéfiniment son expansion. Il doit un jour se contracter, bien que certains astrophysiciens soient d'un avis contraire. Cette masse obscure ou « manquante » pourrait être constituée de neutrinos massifs [2].

Cette matière obscure serait, pour la plupart des astronomes, constituée d'un nuage de particules élémentaires qui réagiraient très peu avec la matière ordinaire. Leur masse serait faible mais le nuage aurait un effet gravitationnel important. Actuellement, les théories font appel à une particule nommée

1. N. Kaisner et J. Silk, « Cosmic microwave background anisotropy », *Nature, 324, 6097,* 529-537, 1986.
2. Simon White, « Missing mass », *The Science,* juillet-août, 44-51, 1985.

« axion » qui apparaît dans certaines versions de la chromodynamique quantique et pourrait dans certaines conditions se transformer en photon. C'est ce dernier que l'on essaie expérimentalement de détecter [1].

Il semble en définitive que la formation des galaxies soit un phénomène relativement récent qui n'est survenu que plus d'un milliard d'années après le début de l'univers.

Comment sont nées les étoiles [2]

Nous savons que trois minutes après le big bang, la température était descendue suffisamment pour que les protons, électrons et neutrons puissent se réunir pour former les éléments primordiaux. Nous avons vu aussi qu'un proton et un neutron en s'associant ont donné un noyau de deutérium, et que deux de ceux-ci en ont fourni un d'hélium. Mais entre-temps, en quelques minutes, l'univers a subi une telle expansion que les noyaux ne se rencontrent plus et que la « nucléosynthèse » ne peut se poursuivre.

Ainsi 25 % de la masse de l'univers restera sous forme d'hélium et 0,01 % sous forme de deutérium. Mais heureusement pour nous, qui ne sommes pas uniquement constitués d'hélium et de deutérium (avec un tout petit, tout petit peu de lithium) la nucléosynthèse s'est poursuivie mais en utilisant une

1. M. Mitchel Waldrop, « In search of dark matter », *Science, 234*, 152-153, 1986.

2. Beatrice Barbury, Roger Cayrel et Joseph Silk, « Les premières étoiles », *la Recherche, 17*, 180, 1060-1069, 1986.

autre technique. Tous les autres éléments à partir du lithium ont été usinés dans les étoiles, soit de façon progressive, soit de façon explosive. C'est en 1957 que G. et M. Burbidge, W. Fowler et F. Hoyle ont décrit cette nucléosynthèse stellaire.

Le nuage gazeux primordial se condense sous l'action de son propre poids et augmente sa densité, sa température et sa pression (manifestation comme on sait du mouvement chaotique des particules gazeuses, cette notion n'ayant pas l'air d'avoir changé depuis mon PCN [1]). Quand la température et la pression sont devenues assez intenses pour qu'apparaissent les réactions nucléaires, l'étoile s'allume (comme nous pouvons les voir la nuit après un bon coup de mistral). Elle va transmuter alors les éléments chimiques, en particulier métalliques. Quand elle meurt, elle rejette ces métaux soit dans un vent stellaire calme, soit en explosant (ce sont les supernovæ). Or, quand les étoiles restituent le gaz au milieu interstellaire, elles l'ont enrichi en métaux. Ainsi l'univers, qui était dépourvu de ceux-ci au départ, en est assez riche aujourd'hui. La composition chimique d'une étoile observée actuellement est celle qu'elle avait à l'époque de sa formation il y a plusieurs milliards d'années, car elle ne synthétise ses métaux que juste avant sa mort. C'est son dernier soupir en quelque sorte. Donc la composition que nous observons nous renseigne sur la composition de l'univers à l'instant où elle s'est formée dans un lointain passé.

Le résultat c'est que plus une étoile naît tard plus

1. PCN. Physique, chimie, histoire naturelle : propédeutique médicale.

elle est riche en métaux, puisqu'elle se forme alors à partir d'un nuage enrichi. On s'attendait donc à trouver des étoiles très anciennes sans métaux. Mais on n'en a pas encore trouvé. Ce problème reste posé. De toute façon, la deuxième étape de la nucléosynthèse sera la conversion de l'hélium en carbone (à 100 millions de degrés), puis à partir du carbone, la synthèse du néon, de l'oxygène, du silicium. La température augmente (elle est alors de 500 millions de degrés). A mesure que l'étoile s'échauffe dans ce travail harassant, des éléments de plus en plus lourds apparaissent, pour arriver au Cr, Mn, Fe et Ni. Tant que les réactions nucléaires fournissent un flux d'énergie capable de s'opposer à l'attraction gravitationnelle, l'étoile reste stable. Mais quand on arrive au noyau stable du ^{56}Fe, c'est l'implosion centrale qui libère une énergie fantastique et qui souffle au loin les structures englobant le noyau central. C'est la phase supernova.

C'est le cas surtout des étoiles « massives » qui font dix foix la masse du Soleil, et dont l'évolution ne dure que quelques millions d'années. Pour les étoiles de masse plus faible que le Soleil, cela demande une dizaine de milliards d'années. Les étoiles légères sont donc longues à mourir. De plus elles s'éteignent gentiment sans exploser.

Après explosion d'une supernova, le noyau demeure sous forme d'étoile à neutrons dont nous avons déjà parlé. Dans la nébuleuse du Crabe, il y a un pulsar, connu tout d'abord par son émission radio, qui est le reste d'une supernova que les Chinois ont vue exploser en 1054.

Les astronomes apprécient la constitution chimique d'une étoile en enregistrant son spectre. Chaque longueur d'onde correspond à un élément chimique particulier. Or nous avons vu que, si les étoiles à faible teneur en métaux (les plus anciennes) sont peu nombreuses, celles sans métaux se cachent encore. Cependant les étoiles les plus vieilles sont les moins riches en métaux en général. On classe les étoiles en trois populations.

La population I est la plus riche en métaux. Celles de la population II sont beaucoup moins riches, et leur âge est d'environ quinze milliards d'années (à peu près l'âge de l'univers). Les étoiles de la population I, comme le Soleil, à composition chimique enrichie, présentent des orbites presque circulaires dans le disque de leur galaxie. Celles de la population II sont très excentriques. Le disque de notre galaxie se serait formé plus tard que les premières étoiles. Au début à peu près sphérique, semblable à l'agencement de la population II, il aurait évolué secondairement vers un disque. La population II à répartition sphérique serait donc plus ancienne que la I. Cette population II présente aussi des *amas globulaires*, de forme à peu près sphérique, et qui sont pauvres en métaux.

Mais où sont les étoiles de la population III, sans métaux ? Sont-elles comme les neiges d'antan ? Plusieurs hypothèses ont été émises pour expliquer cette absence dont vous trouverez l'exposé dans l'article cité en référence, dont celle des auteurs.

Avant de revenir sur Terre

Alors que nous observons les effets de charges électriques comme l'électron, nous ne voyons pas de charges magnétiques isolées. Dans une boussole, il y a un pôle nord et un pôle sud. Si vous la coupez en deux, vous aurez deux boussoles et deux pôles nord et deux pôles sud, car ce sont des dipôles. Amusez-vous à prendre une feuille de papier, à y répandre de la limaille de fer et à placer votre aimant verticalement au-dessous : la forme prise par la limaille sera un exemple de monopôle magnétique isolé. Le magnétisme résulte de petites boucles de courant électrique provoquées par le mouvement des électrons autour du noyau de l'atome et chaque atome se comporte comme un dipôle, dont le champ n'est que la conséquence macroscopique. On utilise même ces champs magnétiques aujourd'hui en médecine, pôle nord ou pôle sud tourné vers la peau suivant des indications empiriques. On peut admettre que leurs effets bénéfiques dans le traitement de certaines douleurs viennent de l'orientation nouvelle qu'ils donnent aux atomes du tissu sous-jacent.

Dirac, encore lui, en 1931 expliqua pourquoi il pourrait bien exister des *monopôles* magnétiques dans la nature. Jusqu'en 1975 les efforts pour les trouver sont restés vains. Cependant cette année-là Polyakov à Moscou et Gérard T'Hooft à Utrecht défendirent l'opinion que les monopôles étaient prévus par la Théorie de la Grande Unification, mais qu'ils devaient être extrêmement lourds pour une particule élémentaire, et qu'il était sans doute difficile de les mettre en évidence. Ce n'est d'ailleurs pas une particule élémentaire à proprement parler, mais une fois de plus une structure à niveaux d'organisation. La masse énorme serait contenue dans un noyau très petit où la Grande Unification peut être réalisée. Ce noyau serait entouré d'une couche de bosons X, elle-même entourée de bosons W et Z. Or nous avons vu que les bosons X permettent de transformer un quark en lepton, et d'induire la désintégration d'un proton. On a essayé d'observer cette désintégration dans des expériences souterraines. De toute façon, il semble que ces monopôles ne soient que des formes ayant survécu au big bang, et que l'inflation cosmique, encore elle, les aurait en grande partie fait disparaître. D'ailleurs puisque notre galaxie possède encore un champ magnétique mesurable, c'est qu'il est impossible d'y trouver beaucoup de monopôles.

A côté de ces monopôles, il pourrait exister aussi des fils cosmiques [1], régions où le vide n'aurait pu passer de l'état symétrique à celui de symétrie brisée. Leur diamètre serait pratiquement nul, mais leur masse, du fait de l'énorme énergie du vide symétrique, serait énorme. Il y aurait des fils droits et des fils courbes. Ceux-ci, par leur puissance d'attraction gravitationnelle, auraient pu amorcer les condensations de matière qui ont donné naissance aux galaxies et aux amas de galaxies. Quant aux fils droits, ils fourniraient une explication de la distri-

1. Voir Craig Hogan, « Superconducting Cosmic Strings », *Nature*, *326*, 742-743, 1987.

bution filamentaire des galaxies dans l'espace. Ces restes du big bang pourraient enfin se compléter par des parois cosmiques, qui, au moment de la transition de phase du vide, auraient séparé des régions de l'univers ayant des propriétés différentes de chaque côté.

Laissons les astrophysiciens se passionner pour ces idées et partir à la découverte des preuves de leur réalité passée ou présente. Laissons les auteurs de science-fiction s'amuser avec leurs conséquences.

Mais avant de revenir sur Terre, je m'aperçois que je ne me suis pas laissé entraîner assez loin dans notre univers observable puisque je n'ai pas parlé des radiogalaxies, ni des quasars.

Nous savons qu'entre les étoiles, dans les galaxies, se glisse un gaz principalement constitué d'hydrogène. L'électron dans ces atomes réagit avec le proton et provoque l'émission de photons ou d'ondes électromagnétiques de longueur d'onde de 21 centimètres. Ces atomes, bombardés de rayons ultraviolets au voisinage d'étoiles chaudes, voient leurs électrons arrachés des noyaux, et deviennent ionisés. Quand un électron passe à proximité d'un proton à la vitesse accélérée par l'énergie fournie par l'étoile, il est dévié et ce courant, courbé comme dans une bobine, émet des ondes. Des galaxies sont ainsi des sources d'ondes radio. De même dans les supernovæ, l'explosion libère une énergie formidable, sous forme principalement d'électrons se propageant à une vitesse proche de celle de la lumière. Ces électrons ont eux-mêmes une trajectoire courbée et déviée et émettent des ondes radio. Parfois, dans un champ magnétique plus intense, les ondes sont plus courtes et pénètrent dans la bande du visible. C'est le cas cité précédemment de la supernova du Crabe observée par les Chinois en 1054. Les observations radio permettent dans certains cas de repérer des galaxies non visibles parce que trop éloignées.

Or vers les années soixante, les astronomes ont repéré de puissantes sources radio ne correspondant pas à des galaxies mais à des objets ressemblant sur les photos à des étoiles (d'où le nom : quasi stellar). Leur spectre était fortement dévié vers le rouge, et impliquait des vitesses d'éloignement de centaines de milliers de kilomètres à la seconde. Nous savons que cette vitesse d'éloignement étant proportionnelle à la distance, ces quasars devraient se situer à des milliards d'années-lumière. Ces quasars devraient donc permettre de voir très loin dans le passé de l'univers. Mais il est possible que dans les deux premiers milliards d'années de cet univers, il n'y ait pas eu de quasars. Ceux-ci pourraient ne pas se rapprocher de plus de deux milliards d'années de l'horizon cosmologique. Il se pourrait que ces objets ne soient pas permanents, qu'ils aient mis un certain temps pour apparaître, et n'aient en moyenne qu'une vie assez brève.

***

Et voilà ! Je ne sais pas pour vous, mais je dois reconnaître que personnellement, je ne m'ennuie pas dans ces espaces intergalactiques, et que je suis un bon public pour nos astrophysiciens. Alors que ma vie quotidienne se promène dans un monde de molécules que déjà j'ai du mal à soupçonner sans les voir, qui me révèlent leur existence par des moyens que je trouve assez sophistiqués, je reste pantelant d'admiration devant ceux qui arrivent à savoir ce qui se passe à quelques milliards d'années-lumière de mon bureau. Ce sont des gens qui ne sont jamais d'accord avec nos pendules, à tel point que je me demande comment ils peuvent arriver à l'heure à leur travail.

Depuis Einstein, nous savons que l'écoulement du temps dépend de la vitesse à laquelle nous nous déplaçons et de l'intensité de la gravitation dans notre environnement. Si on déplace une horloge à grande vitesse dans un champ de gravitation intense, elle avance à un rythme plus lent qu'une horloge immobile dans un faible champ de gravitation. Cela ne se discute plus aujourd'hui. L'histoire des jumeaux dont l'un est placé dans un fort champ de gravitation et l'autre dans un champ faible, et qui se retrouvent à nouveau, est connue. Le premier est resté jeune et l'autre est devenu un vieillard. Le seul temps valable de ce fait est ce qu'on appelle le temps propre. C'est celui d'une horloge qui se déplace avec l'observateur et qui subit le même champ de gravitation. Mais que deviendrait le temps pour un observateur qui remonterait à l'univers primordial ? Il ferait manifestement trop chaud pour qu'une horloge puisse y fonctionner. Mais qu'est-ce que le temps si on ne peut le mesurer ? On a prétendu que les seuls critères étaient la courbure de l'espace et la densité de la matière. Alors, pour un observateur, le temps subjectif se ralentit à la mesure de la décélération de l'expansion ou, inversement, si l'univers est fermé, revenant vers une singularité dans le futur, cet observateur vivra éternellement.

Nous reviendrons sur certains de ces problèmes un peu plus tard, en laissant errer notre imagination avec celle des astrophysiciens, après avoir retrouvé momentanément notre planète.

5

Retour à la Terre

Du coteau qu'illumine l'or tremblant des genêts
J'ai vu jusqu'aux lointains le bercement des mondes.
J'ai vu ce peu de terre infiniment rythmé
Me donner le vertige des distances profondes...

Et je dressais tremblant la palme de mon corps
Vers cette grande voix qui rythme l'univers.

Paul Fort.

L'univers observable contient une centaine de milliards de galaxies. Chacune d'elles comprend une centaine de milliards d'étoiles et des galaxies naines qui pourraient bien contenir autant d'étoiles que les galaxies qui brillent. Comme le signalent Silk et Barrow, « si l'univers a été conçu pour que nous existions, pourquoi s'être ennuyé avec ces milliards d'autres galaxies complètement superflues ? ».

Mais aussi étonnant que cela paraisse, ces auteurs rappellent que l'univers étant en expansion, cela implique que sa taille est liée à son âge, et qu'un univers plus petit serait plus jeune. Or nous avons constaté que les éléments atomiques qui sont nécessaires à la construction des systèmes vivants sont nés très tard à partir de l'hydrogène et de l'hélium. Et les biologistes pensent que l'élément indispensable à leur architecture est le carbone, base de la chimie organique. Nous avons vu comment la mort des étoiles a fourni progressivement le carbone, l'azote, l'oxygène, le phosphore, le silicium pour les répandre dans le cosmos, qui les a repris pour faire d'autres générations d'étoiles ou permettre qu'ils soient incorporés dans des planètes, des astéroïdes ou autres objets cosmiques. Il faut donc que notre univers soit aussi grand qu'il l'est, c'est-à-dire aussi vieux, pour permettre l'apparition des êtres vivants, et cela diminue considérablement les chances d'en trouver ailleurs, quoi qu'en pensent les auteurs de science-fiction.

« Si l'univers n'était pas actuellement dans un état d'expansion proche de l'état critique de vitesse juste suffisante pour l'expansion éternelle, la possibilité d'y voir se dérouler l'évolution aboutissant aux observateurs que nous sommes serait très réduite ou même exclue » (Silk et Barrow). Cette conception est ce que l'on appelle le *principe anthropique.* En effet, les innombrables coïncidences simultanées qui ont fait l'objet d'une bonne partie des descriptions schématisées dans cet ouvrage et qui ont permis notre existence indiquent-elles que la vie est *nécessaire* pour leur fournir une explication ?

Il y a une première façon revêtant une finalité simpliste d'envisager le principe anthropique. Elle attribue à l'apparition de l'homme une importance qui ne semble pas évidente dans l'évolution cosmique. Une seconde façon est de dire que « l'univers doit être tel qu'il admette la création d'observateurs en son sein à quelque étape » (B. Carter, rapporté par J. Heidmann). En d'autres termes cela revient à dire que l'univers est fait pour être habité par l'homme, ce qui rejoint les idées de nombreuses religions. C'est le principe anthropique « fort ».

Mais une autre formulation dite *principe anthropique faible* s'exprime ainsi : l'homme est là, alors que doit être l'univers ? Dans ce cas l'homme n'est plus le but de l'univers, ce qui serait un peu prétentieux. Il devient un observateur de l'univers, ce que l'on peut effectivement constater [1].

La transition de phase du vide symétrique en vide à symétrie brisée, grâce à la théorie de l'univers inflationnaire, a pu créer beaucoup d'univers séparés, et nous pourrions vivre dans un seul d'entre eux. Mais s'il existe d'autres formes de vie dans d'autres univers que le nôtre, cela ne présente aucun intérêt pour nous, car ces univers sont à jamais inobservables pour un observateur extérieur. Ils occupent un domaine d'espace-temps inaccessible. Il paraît que le scénario de l'inflation permet l'existence de ces univers, gigantesques bulles – chacune plus grande que notre univers observable – très homogènes mais différentes [2].

1. H.R. Pagels, « A Cozy cosmology. The anthropic principe is convenient but it's not Science », *The Science,* mars-avril, 34-39, 1985,
2. M. Mitchell Waldrop, « Do it yourself universes », *Science, 235,* 845-846, 1987.

***

Nous sommes donc sur une planète tournant autour d'une étoile. Depuis quelques décennies, les télescopes essaient de découvrir d'autres planètes tournant autour d'étoiles proches. L'atmosphère qui entoure la nôtre a rendu le travail infructueux jusqu'ici. On attend beaucoup des télescopes spatiaux pour résoudre le problème. Cependant, grâce à des télescopes sensibles à l'infrarouge, on a mis en évidence, ces dernières années, des disques de matière interstellaire tournant autour de certaines étoiles comme Véga. Ils pourraient être des disques protoplanétaires, qui pourraient se fragmenter et s'agglutiner en planètes.

Cependant l'existence de planètes n'est pas suffisante puisque neuf planètes avec quarante-quatre satellites tournent autour du Soleil et qu'aucune ne s'est montrée habitée, même Mars, sur laquelle on avait fondé quelques espoirs. Il y faut de l'eau, comme c'est le cas pour la Terre. L'eau liquide exige une température qui ne soit pas au-dessous de 0 °C et pas au-dessus de 100 °C. La Terre possède aussi de l'oxygène dans son atmosphère. Mais les systèmes vivants semblent avoir pris naissance ici-bas avant l'apparition de l'oxygène moléculaire dans cette atmosphère, celui-ci n'étant qu'un sous-produit de la photosynthèse. Cet oxygène, en s'accumulant dans les couches supérieures de notre atmosphère sous forme d'ozone, a pu filtrer les rayons ultraviolets solaires et permettre aux êtres vivants, semble-t-il, de conquérir les continents à partir de leur océan primitif. Ni Vénus trop chaude et n'ayant pu se débarrasser de son CO_2, ni Mars qui a connu l'eau dans un lointain passé ne montrent signe de vie. Pour des raisons complexes, Mars a perdu son atmosphère et s'est refroidi au-dessous de 0 °C et ce qui reste d'eau doit être gelé dans son sol.

Cependant il faut dire que, sous un contrôle expérimental sérieux, on a pu mettre en évidence l'existence d'acides aminés dans des météorites, et l'on sait que les acides aminés sont les briques élémentaires de la constitution des protéines.

Il semble donc qu'une activité prébiotique existe au niveau de nébuleuses protoplanétaires, ou des astéroïdes, etc. Un satellite de Saturne, Titan, possède une atmosphère composée surtout d'azote et des caractéristiques assez proches de celles existant ici, qui pourraient en faire un bon candidat d'activité prébiotique. Malheureusement, sa température est de – 180 °C et même des Inuits s'y sentiraient mal à l'aise.

***

Ainsi, les conditions exceptionnelles permettant l'apparition des systèmes vivants ont été réunies sur notre planète, sans que nous puissions dire si des formes vivantes existent ailleurs dans le cosmos. On a envoyé des sondes spatiales avec des messages pour d'autres êtres vivants s'il en existe, et on écoute, dans plusieurs endroits, pour tenter de détecter des messages qui nous seraient adressés. Jusqu'ici aucun résultat.

Intéressons-nous donc à ce qui est directement

accessible à notre recherche et qui se montre déjà très compliqué à préciser : l'origine des êtres vivants sur notre planète. J'évite d'utiliser le terme de « vie », car on ne sait pas où elle commence et où elle finit, et qu'on risque d'en faire une qualité ésotérique sur laquelle pendant longtemps on a greffé l'« élan vital ». Il n'existe pas de « vie », mais bien des « êtres vivants », présentant certaines caractéristiques en commun, ce qui les fait accéder à un niveau d'organisation qu'il nous sera bien difficile de situer dans l'ensemble physique et cosmique que nous avons schématisé.

Les origines, d'excellents livres et d'innombrables travaux ont tenté, en dehors des mythes, de les reconstituer. Je signale un petit, tout petit livre récent, sur ce sujet, fort bien fait, et dont je conseille la lecture pour en connaître l'essentiel [1]. Nous n'y reviendrons pas. D'ailleurs quand nous aurons indiqué que quelques caractéristiques essentielles permettent de dire que l'on a affaire à un organisme vivant, nous aurons dit le principal : 1) l'autoconservation que nous avons déjà signalée en disant que la seule raison d'être c'est d'être; 2) l'autorégulation qui est son corollaire; 3) l'auto-organisation au sujet de laquelle on travaille encore; 4) et enfin, l'autoreproduction qui n'est pas une caractéristique générale, puisque les virus sont forcés de faire appel à d'autres êtres vivants pour se reproduire, êtres vivants plus évolués dont ils utilisent la machinerie synthétisante.

1. B. Hagène et C. Benay (préface de M. Locquin), *Aux origines de la Vie,* Échos-Hachette, 1986.

Mais pour nous, et nous avons déjà eu l'occasion de le dire précédemment, la caractéristique fondamentale est l'organisation par niveaux d'organisation, chacun de ceux-ci étant un système régulé mais soumis à une commande extérieure au système et venant du milieu englobant. Cette information-structure étant maintenue temporairement par un apport énergétique venant de l'extérieur de l'organisme envisagé, ce qui en fait un système ouvert sur le plan énergétique. Mais l'ouverture informationnelle résulte uniquement de l'englobement progressif des différents niveaux d'organisation des molécules à l'organisme entier.

Vous trouverez un peu partout signalés les travaux d'A. Oparin, de S.L. Miller, de Haldane, etc., qui ont tenté d'imaginer comment les premiers systèmes vivants sont apparus sur la Terre. Nous avons déjà parlé de l'expérience célèbre de S.L. Miller qui, à partir des conditions atmosphériques et énergétiques supposées de la Terre primitive, réussit le premier à faire apparaître des acides aminés que nous savons être les lettres des mots complexes que sont les protéines. Par la suite, J. Orô obtint la synthèse spontanée de bases nucléiques.

La notion d'évolution

Nous entrons dans un terrain plus solide lorsque nous sautons par-dessus ces premières étapes pour parvenir à celle où, il y a trois milliards d'années environ, les premiers êtres unicellulaires sont apparus. On est à peu près sûr que l'atmosphère terrestre à l'époque était surtout réductrice et que sa teneur en oxygène moléculaire était faible. Celui-ci n'apparut qu'avec les algues bleues et ensuite avec la photosynthèse chlorophyllienne. La dissociation de l'eau par les photons solaires en H_2, qui fut utilisé, grâce à sa combinaison avec le carbone, pour créer la molécule de base de toutes les structures vivantes, CH_2 (glucides, lipides, protéines), libéra l'oxygène dans l'atmosphère. Malheureusement l'O_2 est un biradical, un véritable toxique pour les formes vivantes. En effet, cherchant à apparier son orbite électronique périphérique déficitaire, il va capter des électrons à des molécules appariées et stables des chaînes biocatalytiques ou des lipides membranaires et donner naissance à des formes radicalaires libres qui seront elles-mêmes à l'origine de réactions de désélectronation, c'est-à-dire d'oxydation en chaîne, au même titre que les radiations ionisantes. C'est ce qui fait la toxicité de l'oxygène en pression utilisé parfois en plongée sous-marine. C'est d'ailleurs parce que la Marine nationale m'avait demandé de m'intéresser à ce problème vers 1960 que je découvris, sans provoquer beaucoup d'échos, l'importance physiopathologique des radicaux libres.

A l'origine, les formes primitives, n'ayant pas d'oxygène à leur disposition, mettaient en réserve l'énergie nécessaire au maintien de leur structure par des mécanismes appelés « fermentaires ». Elles étaient protégées des rayons ultraviolets solaires, agressifs et destructeurs de leurs structures fragiles, par la surface des océans où elles avaient pris naissance. Avec la photosynthèse, l'atmosphère s'enrichit en O_2, et celui-ci dans les couches supérieures se condensa en O_3, c'est-à-dire en ozone, qui réalisa un écran protecteur, capable de filtrer les ultraviolets solaires. C'est cette couche d'ozone qui semble se dissiper, en particulier au-dessus de l'Antarctique, ce qui commence à inquiéter sérieusement certains chercheurs, car il semble bien que ce soit la conséquence des activités désordonnées des collectivités humaines. Nous avons développé ces notions dans un livre déjà ancien puisqu'il date de 1963 [1]. Les formes vivantes protégées des UV solaires purent sortir des océans et se répandre sur les continents. Mais là elles trouvèrent un autre ennemi, l'oxygène.

Ne me demandez pas comment (le mot facile d'adaptation, tarte à la crème qui n'explique pas grand-chose, mais qui est fort utile pour couvrir l'ignorance, y suffira sans doute) apparurent alors des êtres unicellulaires qui utilisèrent cet oxygène, en lui fournissant les électrons manquants sur son orbite périphérique. Ces électrons n'étaient autres que ceux que les photons solaires avaient excités sur la molécule d'hydrogène prise à l'eau pour former CH_2. Excités, c'est-à-dire plus éloignés du noyau, ils étaient mieux en mesure de permettre à leur atome de s'associer dans des molécules. Mais plus énergétiques aussi, ils étaient de plus capables de céder cette énergie aux cellules, par petites doses, en « petite monnaie » comme l'a dit Szent-Gyorgy. Les cellules mirent en réserve cette énergie sous la forme chimi-

1. H. Laborit, *Du Soleil à l'homme*, Masson & Cie, 1963.

que des composés phosphorés riches en énergie dont le plus connu est l'adénosine triphosphate (ATP).

Au cours de son périple intracellulaire, l'électron, ayant cédé son énergie, fut tout content de ne pas se trouver au chômage et de pouvoir se recaser sur l'orbite périphérique de l'oxygène. Celui-ci, calmé, s'associa au carbone pour fournir du CO_2. C'est pourquoi la « ventilation » pulmonaire absorbe de l'O_2 atmosphérique et rejette du CO_2, ce qui représente le bilan de la « respiration » cellulaire. Tout cela, vous vous en doutez, est présenté de façon extrêmement simpliste, car notre projet n'est pas de vous écrire un traité de biologie générale, ce que j'ai fait en d'autres temps, et pour un autre public [1], mais d'essayer de comprendre comment les systèmes vivants se sont organisés sur la planète.

***

Aux alentours de 1950, parlant en famille de ces notions qui commençaient alors à s'établir dans la communauté scientifique, l'un de mes fils qui devait alors avoir cinq ou six ans, nous dit : « Mais alors, quand on mange, on mange du soleil ? » Ce qui flatta mon narcissisme puisque je m'en souviens encore. En effet, j'eus l'impression de m'être fait comprendre d'un enfant qui n'avait point encore atteint l'âge dit de raison.

Une chose est certaine, c'est que sans cette énergie du photon solaire, il n'y aurait pas d'organisme

1. H. Laborit, *Physiologie humaine, cellulaire et organique*, Masson & Cie, 1961.

vivant sur cette planète. Mais ce qui est aussi remarquable, c'est l'étroitesse de la bande énergique dans laquelle ces organismes ont pu s'inscrire ; ce sont les innombrables dangers dont ils ont dû apprendre à se protéger. Nous venons de voir que les UV solaires et la toxicité de l'oxygène ont été au début parmi les plus importants.

Mais revenons à ces formes vivantes apparues lorsque l'oxygène moléculaire s'installa dans l'atmosphère. N'est-il pas déjà étonnant que cet oxygène moléculaire, si dangereux pour toute forme vivante, fût déjà le sous-produit de formes vivantes et en particulier de l'activité d'une molécule, chère aux plantes vertes, la chlorophylle ? Que certaines formes de vie délibérément participent à ce qui aurait dû être la mort de celles qui les avaient précédées ?

Mais à partir du moment où l'oxygène moléculaire fut utilisé par ces micro-organismes nouvellement apparus, et qu'il permit à ceux-ci, comme nous l'avons vu, de mettre en réserve une grande quantité d'ATP, ce dont les processus fermentaires primitifs étaient incapables, une étape importante de l'évolution fut franchie. En effet, dès le début du siècle, certains intuitifs avaient soupçonné que les petites machines appelées « mitochondries » – qui dans les cellules modernes assurent le fonctionnement de ces processus oxydatifs – n'étaient autres que ces micro-organismes, analogues aux bactéries actuelles, qui auraient colonisé les cellules primitives, fermentaires, il y a trois milliards d'années. Il fallut attendre ces dernières décennies pour que cette intuition soit confirmée, par le fait que l'on s'aperçut que les mitochondries possédaient leur propre équipement génétique et de synthèse protéique, équipement qui ne faisait pas appel à celui du noyau de la cellule. Cet ADN mitochondrial, tout comme celui des bactéries, était sensible à certains antibiotiques, auxquels l'ADN nucléaire n'était pas sensible. Il y avait donc eu, à une époque reculée, *symbiose,* association des formes anciennes avec les formes plus récemment apparues du fait de l'oxygène moléculaire.

Association productive car les mitochondries sont capables d'utiliser comme substrat les déchets des formes primitives et d'en retirer l'énergie solaire qu'ils contiennent encore et qui restait inutilisée. En effet, comme toute usine la cellule a besoin de fuel pour fonctionner, d'un apport d'énergie. Nous avons vu que cette énergie lui est apportée par les « substrats », c'est-à-dire les aliments qui résultent de la transformation de l'énergie photonique solaire en énergie chimique, par la molécule de chlorophylle en particulier. Mais dans les voies fermentaires, l'énergie d'excitation de l'électron n'aboutit qu'à une synthèse réduite d'ATP et les déchets finaux, à rejeter, sont des molécules, comme l'acide lactique par exemple, dont l'énergie n'a pas encore été complètement employée. Les mitochondries seront capables de reprendre ces déchets et d'en tirer l'énergie restante pour aboutir au CO_2, en faisant une synthèse beaucoup plus importante d'ATP.

Résultat ? Une réserve énergétique considérable qui permettra le *maintien efficace de la structure complexe de la cellule*; qui permettra également d'alimenter les systèmes « mécaniques » assurant le *dépla-*

cement de l'organisme envisagé à la recherche de sa nourriture, c'est-à-dire de ses substrats; qui permettra aussi, par ce déplacement, de fuir ou de lutter, lorsqu'il survient un événement dangereux pour le maintien de la structure, pour la survie.

Avouons qu'il y a là une étape fondamentale de l'évolution des espèces et que cette étape ne doit rien à l'idéologie darwinienne puisqu'elle fait appel à l'entraide, à la symbiose, à la coopération et non à la dominance du plus fort, à la compétition, à la lutte.

Un argument de poids pour les féministes

Il y a quelques années, je me trouvais avec Henri Atlan à un symposium à Amsterdam. Au cours d'une suspension de séance, je me décidai à lui parler d'un problème qui me tracassait depuis longtemps. J'avais noté que le spermatozoïde est très pauvre en mitochondries et que, d'autre part, il les laissait avec sa queue au portillon de l'ovule. Il n'y avait exclusivement que sa grosse tête qui pénétrait celui-ci et allait mélanger ses gènes avec les siens. Mais alors il me paraissait évident que toutes nos mitochondries nous étaient transmises par la mère, c'est-à-dire par l'ovule. Atlan me dit : « Tu es sûr de ce que tu dis là ? » Je lui répondis qu'il ne s'agissait pour moi que d'un discours logique mais que je ne voyais pas comment il pouvait en être autrement. « Mais c'est toute la loi juive de la matrilinéarité que tu défends là. On ne peut être juif que par sa mère! » Ce que j'ignorais. Sacrée Torah qui avait prévu la transmission unisexuée des mitochondries!

Quelques années plus tard, cette notion fut confirmée par des chercheurs anglo-saxons et elle est devenue au cours des deux dernières années un objet de recherches fructueuses dont nous allons dire quelques mots [1]. Il est en effet certain que tout être, humain en particulier, est plus proche parent de sa mère que de son père, puisque c'est d'elle uniquement qu'il a hérité ses mitochondries.

Sur cette piste, un travail récent de Cann, Stoneking et Wilson ne manque pas d'intérêt [2]. Ces auteurs montrent que notre mère Ève a vécu en Afrique il y a environ deux cent mille ans. Ils ont fait une analyse détaillée de l'ADN mitochondrial dans divers groupes humains à travers toute la planète. Ils ont trouvé 133 types différents d'ADN mitochondrial, et dressent un tronc évolutif où ces types sont en relation et dérivent d'un type ancestral. Ce tronc a deux racines, dont l'une conduit exclusivement à des Africains et l'autre, à quelques Africains aussi, mais surtout à tous les autres groupes de population. Il semble qu'il y eut une division précoce entre le groupe africain et le groupe caucasien-mongoloïde. Le groupe ancestral est de toute évidence le groupe africain. C'est lui qui en effet présente la plus grande diversité de son ADN mitochondrial et la population la plus ancienne doit présenter le plus de changements dans ses séquences

1. Voir la revue de G. N. Barton et J. S. Jones, *Nature, 306,* 317-318, 1983.

2. R. L. Cann, M. Stoneking & A. C. Wilson, « Mitochondrial DNA and human evolution », *Nature, 325,* 31-36, 1987.

d'ADN. Il semble donc que l'homme moderne soit venu d'Afrique, puis émigra à travers l'Europe, l'Asie et l'Amérique. La conclusion la plus curieuse de Cann et Collaborateurs, c'est que l'ADN mitochondrial des hommes de cette planète viendrait d'*une seule* femme. C'est la conséquence de leur méthode d'analyse. Cependant La Torre, Moya et Ayala [1] étudiant l'ADN mitochondrial de la mouche drosophile proposent d'autres interprétations.

A vrai dire, les phallocrates n'ont pas voulu se laisser dominer par l'emploi de ces théories féministes et ils ont commencé à étudier notre hérédité paternelle en s'adressant au chromosome Y qui permettra peut-être de découvrir un ancêtre paternel commun. Il est possible au fond qu'Adam et Ève aient cohabité.

Revenons à l'évolution

Ne croyez pas que je me sois laissé entraîner par mon démon familier, la biologie, et que je me sois écarté des particules élémentaires et des cosmologies. Mais il est intéressant tout de même de voir comment les systèmes vivants ont pu s'introduire dans ces niveaux d'organisation.

Donc, pour en finir momentanément avec ces processus oxydatifs, dont il faut bien comprendre qu'ils ne sont pas indispensables à ce qu'on appelle

1. A. La Torre, A. Moya & F. J. Ayala, Proc. Nat. Acad. Sc. USA, *83*, 8649-8653, 1986.

« la Vie », mais qu'ils en ont permis une évolution particulière, leur existence nous pousse à certaines réflexions. Avant eux les processus du vivant prolifèrent, en utilisant préférentiellement les phénomènes de réduction. Cela veut dire que la molécule d'hydrogène, avec ses électrons chargés négativement, va s'introduire dans des structures chimiques plus « complexes », dans un nouveau niveau d'organisation, et aboutir à des structures chimiques ayant les caractéristiques du vivant (voir plus haut). Je vous fais grâce des discussions sur la « soupe » primitive, les coccoïdes et les sphéroïdes, le rôle récemment invoqué des argiles [1] dans la formation des premières formes vivantes autoreproductibles; mais une notion surgit, c'est qu'à cette époque la mort n'existe pas. Pour mourir il faut oxyder. Bien sûr, on peut oxyder sans oxygène puisqu'il suffit pour cela de perdre des électrons et que déjà les formes fermentaires soustraient des électrons à leurs substrats. Mais on peut soulever l'hypothèse que les structures dissipatives de Prigogine, dans le cadre desquelles, dans un certain sens, on peut faire rentrer ces premières structures vivantes, n'ont aucune raison de disparaître tant qu'on leur fournit une énergie à dissiper. Par contre, quand apparaît l'oxygène, au lieu de s'occuper uniquement à se multiplier, elles devront d'abord s'occuper à protéger leur structure. Nous avons vu qu'elles gagnent à l'arrivée de l'oxygène moléculaire, puisqu'elles vont avoir avec lui plus d'ATP à utiliser. Le « mouvement », l'activité motrice dans l'environne-

1. Cairns-Smith, *Pour la science, 94*, 24-33, 1985.

ment inanimé seront mieux assurés, et la protection de la structure, en conséquence.

Malheureusement, avant d'atteindre sa position définitive de comblement paritaire sur l'orbite de l'oxygène, des étapes intermédiaires auront lieu et des formes radicalaires libres, c'est-à-dire des molécules auxquelles il manque encore des électrons, vont apparaître. Et ces molécules prendront leurs électrons à des molécules voisines, jusque-là paisibles et n'en voulant à personne. Dépouillées d'un électron ou de plusieurs, mécontentes, ces dernières vont chercher à prendre aux autres ce qui leur a été enlevé, et ainsi de suite. Le désordre électronique et moléculaire en résultera. Pardonnez-moi cette schématisation un peu enfantine et anthropomorphique de la vie des molécules, mais elle n'est pas tellement éloignée de ce que nous voyons. Ainsi, avec l'oxygène on gagne en possibilités d'action sur l'environnement, mais on évolue d'autant plus vite vers le nivellement thermodynamique et la mort.

J'ai déjà dit que je m'étais intéressé aux radicaux libres en expérimentant sur les accidents dus à l'utilisation de l'oxygène pur en plongée par les nageurs de combat. Comme quoi, et aussi étonnant que cela puisse paraître, la recherche militaire peut parfois déboucher sur des problèmes philosophiques d'un haut niveau. Je dois dire qu'entre 1960 et 1964, je proposais, sur des bases expérimentales qui me paraissaient sérieuses, le rôle néfaste des radicaux libres au cours de nombreux syndromes physiopathologiques, comme les comas, l'infarctus du myocarde, les processus inflammatoires et le vieillissement. Je n'ai pas entraîné un consensus de ce qu'il est convenu d'appeler la communauté scientifique internationale. Peut-être en partie parce que mes immortels travaux étaient rédigés en français. Nous avions fait pourtant synthétiser des « piégeurs » de radicaux libres efficaces, qui n'obtenaient pas plus de succès, bien que le langage de la chimie soit international. Aujourd'hui, plus de vingt ans après (comme le vicomte de Bragelonne, aurait ajouté Alexandre Dumas) on ne peut ouvrir une des innombrables revues scientifiques internationales sans y trouver des travaux relatant la responsabilité des radicaux libres en pathologie.

Les relations précédentes aboutissent à cette notion qu'à partir d'un certain moment au cours de l'évolution, les formes vivantes ont abandonné leur immortalité de la division asexuée pour l'action. Je ne serais pas loin de croire que c'est à ce moment-là que l'individualisme a fait son apparition. Individualisme encore fort bien tempéré nous allons le voir, et encore limité aux rapports de l'individu avec l'environnement inanimé.

D'ailleurs, individualisme est un mot suspect. Peut-on être plus individualiste que la cellule cancéreuse qui, revenant à un stade plus primitif semble-t-il, moins différencié, ne pense plus qu'à elle-même, qu'à se multiplier quitte à en faire crever les niveaux d'organisation dans lesquels elle est incluse, ceux de l'organe et de l'organisme ? S'il existe des *gènes égoïstes* qui ne pensent qu'à eux suivant la théorie sociobiologique wilsonnienne, ce sont bien ceux qui assurent la prolifération de la cellule cancéreuse. Mais cette théorie ne semble pas avoir encore pris contact avec le « secret des secrets », et la notion de niveau d'organisation ne paraît pas avoir eu une influence prépondérante dans son établissement, ce qui lui permet de bondir joyeusement des gènes au comportement en situation sociale, avec pour idéologie, évidemment, la lutte pour la vie et la réussite proliférative du plus fort.

Nouvelle étape de l'évolution

Après cette symbiose très conviviale de formes anciennes et de formes nouvelles, une étape également fondamentale de l'évolution fut le passage des êtres unicellulaires aux êtres pluricellulaires. En s'associant, des cellules isolées passèrent à un nouveau niveau d'organisation. Elles y gagnèrent. Au lieu d'être polytechniciennes et de s'occuper de tout ce qui était nécessaire au maintien de leur structure, en groupe, chacune ne fut plus chargée que de fonctions réduites. La spécialisation du travail s'organise. Chaque cellule s'impliquant dans les fonctions d'un organe fit confiance à celles des autres organes de cet organisme pour assurer les fonctions qu'elle n'avait plus à remplir. Son existence devenait dépendante de celle de l'ensemble et l'existence de l'ensemble devenait dépendante du travail de chacune d'elles [1].

Voilà encore une étape de l'évolution qui ne semble pas avoir été retenue par Darwin, ni ses descendants

1. Où l'on retrouve les Trois Mousquetaires : « Un pour tous, tous pour un ! »

« néo », au cours de laquelle ce n'est pas la compétition, la survie du plus fort qui semblent avoir été les objectifs principaux, mais bien au contraire l'entente, l'entraide, la coopération.

Nous ne nous étendrons pas sur les discussions, à la mode depuis quelque temps, concernant les théories darwiniennes. On peut en trouver une revue intéressante sous la plume de P. Thuillier [1]. Celui-ci profite de la publicité récente faite aux idées antidarwiniennes d'un Japonais, Kinji Imanishi, pour rappeler, comme nous l'avons fait nous-même dans un autre ouvrage [2], que dès le début du siècle P. A. Kropotkine [3] avait déjà émis l'idée que l'évolution devait plus à l'entraide qu'à la lutte compétitive.

On a l'impression que le succès du darwinisme n'est peut-être pas dû à la différence de mentalité entre le monde occidental et le monde oriental comme le pense Imanishi, mais plutôt et plus précisément à ce que le fondement de la société anglo-saxonne a bien été l'affirmation de l'élite par la force. La sélection naturelle réaliserait la récompense du meilleur et celui-ci, admiré et respecté par ses concitoyens, aurait ainsi recueilli la marque des faveurs toutes particulières de la Divinité envers lui, plus de chances de se reproduire, donc de participer activement à l'évolution de l'espèce. Depuis le temps que cela dure, on

1. P. Thuillier, « Darwin chez les Samouraïs », *la Recherche, 17, 181,* 1276-1280, 1986.

2. H. Laborit, *l'Inhibition de l'action,* Masson & Cie, seconde édition, 1986.

3. P. A. Kropotkine, *l'Entraide, un facteur de l'évolution,* Éditions de l'Entraide, 1978, première édition, 1906.

pourrait croire que notre espèce est composée uniquement de surdoués : mais sans doute les minus ont-ils la vie dure, bien que peu favorisés par la sélection naturelle. Nous n'entrerons pas dans une discussion déjà fort alimentée par de nombreux écrits contemporains, que viennent clore partiellement ceux d'un autre Japonais, Mooto Kimura, tendant à montrer que les mutations génétiques sont généralement « neutres », incapables de donner une supériorité dans la « lutte pour la vie ». Si un gène se maintient et se perpétue, ce n'est pas qu'il confère un gain de dominance, mais parce que les hasards de la reproduction favorisent sa survie. C'est ce que les généticiens des populations appellent la « dérive génétique ».

De toute façon, dans cette question, il semble bien que la notion de niveaux d'organisation a été ignorée. Nous avons fourni deux exemples dans lesquels l'entraide, la symbiose ou l'association ont eu manifestement une part fondamentale dans l'évolution des systèmes vivants sur la planète. A chaque étape un nouveau niveau d'organisation était atteint par ce moyen. Et c'est en cela que des auteurs comme Kropotkine, qui considèrent moins la lutte individuelle pour la vie que celle contre les conditions climatiques et environnementales difficiles que les systèmes vivants eurent à résoudre, même après l'apparition des êtres pluricellulaires auxquels il s'est intéressé, peuvent défendre l'entraide comme facteur essentiel d'évolution. Les Japonais modernes mettent l'accent sur le groupe, les Anglo-Saxons sur l'individu. Nous avons, dans un chapitre antérieur (chapitre 2), tenté d'expliquer pourquoi les hommes ont analysé, disséqué, fragmenté leur monde pour aboutir à l'individu et à une morale de celui-ci. Mais aboutir à une morale du groupe c'est encore s'arrêter en chemin au sein des niveaux d'organisation alors que la seule « compréhension » cohérente est celle de l'espèce.

Ainsi, il m'apparaît que si manifestement l'entraide a été le moteur principal de l'évolution des espèces, dès qu'un nouveau palier est atteint, le nouvel individu qu'il réalise va entrer en compétition territoriale de dominance avec ses voisins. On peut penser que la « mobilité » de l'individu dans le milieu, son autonomie motrice, qu'il utilise comme moyen dans la recherche du maintien de son « information-structure » personnelle, est un facteur important dans la mise en compétition avec les autres individus de son espèce. C'est ainsi que dans l'espace occupé par le groupe, dans le « territoire » du groupe, une nouvelle structure intermédiaire, qui n'est pas celle de l'espèce, s'établit, qui est alors une structure hiérarchique de dominance. On peut même penser avec René Girard [1] que c'est l'inégalité entre les individus qui supprime la violence, car la révolte des dominés ne peut que leur coûter très cher, mais ajoutons aussi que cette inégalité s'est établie grâce à la violence compétitive. Dès lors, parler dans un système de compétition d'égalité, ce ne peut être que de l'égalité des chances à devenir inégal, puisque le but profond de la vie de l'individu est la recherche compétitive de la dominance.

1. René Girard, *la Violence et le Sacré,* Grasset, 1978.

Aussi longtemps que la finalité de l'individu devra passer, pour coïncider avec celle de l'espèce, par l'intermédiaire de celle des groupes sociaux, rien ne sera changé. Il ne s'agit pas là d'une « loi de la nature » mais d'une loi de l'ignorance des niveaux d'organisation et de leur incompréhension.

En résumé, la lutte compétitive a peut-être contribué à l'évolution de chaque espèce lorsque le niveau d'organisation qu'elle représente a été atteint, mais pour y accéder, c'est l'entraide qui fut nécessaire. Or, au niveau atteint aujourd'hui par l'espèce humaine, la compétition a sans doute eu son rôle à jouer dans le progrès technologique, mais en quoi est-elle intervenue dans l'évolution de la connaissance que l'homme possède de lui-même ? N'a-t-elle pas au contraire exacerbé l'individualisme, l'ignorance, le mépris, la jalousie et la haine de l'autre ? N'a-t-elle pas ignoré ce qui unit chaque homme à tous les autres, pour ne valoriser que ce qui les distingue, les sépare, les oppose, les dresse agressivement, individuellement ou en groupe, les uns contre les autres ? Rien n'a changé de ce point de vue depuis le début du néolithique. La même obscurité mentale gouverne les comportements humains, mais ceux-ci ont pour moyens d'agir des machines de plus en plus meurtrières et sophistiquées. La compétition entre les groupes humains risque d'aboutir à la disparition de l'espèce, alors que l'entraide indispensable pour passer à un nouveau niveau d'organisation paraît bien difficile à réaliser, sans effectuer d'abord le changement total de la mentalité des individus. Le « secret des secrets » a toujours autant de difficultés à se faire entendre.

J'ai conclu un livre déjà ancien [1] par ce vœu pieux.

« Quelle que soit la solution vers laquelle le déterminisme cosmique qui guide sa destinée engagera l'homme, l'agressivité telle que nous la connaissons, uniquement orientée vers les autres, devra disparaître pour s'orienter vers la conquête d'un nouveau monde, celui que notre œil distingue en regardant les étoiles et celui, plus incompréhensible encore, qui vit en nous. »

C'est gentil, n'est-ce pas ? Et puis après... une trouvaille réconfortante... la Guerre des étoiles !

1. H. Laborit, *l'Agressivité détournée,* Coll. 10/18, Union générale d'éditions, 1970.

6

Où en sommes-nous ?

Des niveaux d'organisation, nous en avons rencontré depuis l'énergie première, donnant naissance aux particules élémentaires, puis aux atomes, puis aux étoiles, puis aux galaxies, puis aux amas de galaxies, aux superamas, dans un univers en expansion. Hubert Reeves a écrit : « L'univers possède depuis les temps les plus reculés accessibles à notre exploration les propriétés requises pour amener la matière à gravir les échelons de la complexité [1]. » Si la complexité se mesure, comme nous l'avons proposé, au nombre de niveaux d'organisation observés, l'univers les présente tous, dans leur forme inanimée.

Mais voilà que, tardivement dans son histoire, un nouveau système se met à *bourgeonner* sur le précédent, issu de lui, mais différent, avec sa propre échelle de niveaux, perdu dans l'espace-temps inclus en lui, comme si cet espace-temps avait tout fait pour qu'il

1. Hubert Reeves, *l'Heure de s'enivrer. L'univers a-t-il un sens?*, Le Seuil, 1986.

apparaisse : c'est le système du vivant. Ce système reprend à son compte les lois de la physique, celles des particules élémentaires, des atomes, des molécules mais, dans des conditions physiques exceptionnelles, prolonge cette organisation d'une façon nouvelle, qui aboutit à notre espèce. La complexité s'était accrue à mesure que l'information (la mise en forme) de la matière progressait. Nous avons vu comment étaient nés les atomes lourds à partir de l'hydrogène et de l'hélium dans les étoiles, et nous pouvons suivre cette organisation dans le système solaire et ses planètes, les seules que nous connaissions jusqu'ici. Tout cela s'est passé dans un espace-temps cosmique et les niveaux d'organisation que nous observons là sont à l'échelle de l'univers.

Et puis un beau jour, il y a seulement trois milliards cinq cents millions d'années environ, l'organisation de la matière prend une orientation nouvelle. Dans un espace étroit, celui de notre minuscule planète, comme si elle n'avait pu trouver de débouchés cosmiques, elle se referme sur elle-même, et ses niveaux d'organisation, elle les empile à la hâte, les uns sur les autres, dans l'espace tridimensionnel qui est celui de notre subjectivité. Ainsi, on peut admettre qu'une galaxie est un objet plus « complexe » qu'un nucléon, non pas seulement par le plus grand nombre d'éléments qui la constituent, mais par l'établissement hiérarchique de leurs relations en son sein. Avec les systèmes vivants nous abordons un processus d'organisation particulier, un système que l'on devine être à part et qui prolonge l'organisation cosmique dans une orientation nouvelle au sein d'un espace étroit.

Et ce grand vide, sur lequel nous avons déjà insisté, se peuple de quelques particules élémentaires, les mêmes que celles parsemées dans le cosmos, qui s'organisent, depuis quelques milliards d'années seulement, dans les êtres vivants. Les niveaux d'organisation chez ceux-ci prennent une autre signification. Chacun d'eux protège, si l'on peut dire, le niveau qu'il englobe, faisant apparaître une nouvelle fonction de l'ensemble, et cela jusqu'au cerveau humain, dans des organismes humains. On peut expliquer pourquoi cette organisation s'est réalisée autour de l'atome de carbone. Il n'en reste pas moins que le mystère demeure et que la seule notion valide que nous puissions en tirer est de ne pas concevoir que cette organisation s'arrête au niveau de l'individu parce qu'il en a conscience et qu'il parle. Tous les faits, tous les événements ne peuvent être envisagés que pour l'intérêt qu'ils représentent pour l'espèce, en englobant les différents niveaux d'organisation sociale, dont la finalité doit être la même.

Mon but aujourd'hui n'est pas de reprendre les connaissances apportées par la biologie des comportements pour en tirer des déductions psychologiques, sociologiques, économiques et politiques. Je l'ai fait dans de nombreux ouvrages depuis plus de trois décennies. Au passage, et dans le cours même de ce volume, j'ai sélectionné quelques-uns des multiples facteurs qui, dans l'histoire de l'homme, ont abouti au comportement absurde et suicidaire qui caractérise les sociétés contemporaines. J'éviterai d'exprimer les opinions bien-pensantes concernant les dangers de la bombe atomique, de l'utilisation maladroite de l'énergie atomique, des dangers des pollutions variées, de l'agressivité inconsciente de l'homme à l'égard de la biosphère, etc. Tout cela est vrai sans doute, mais à quoi sert de le répéter si l'on ne met pas en évidence les raisons biocomportementales et historiques qui font que nous sommes arrivés où nous sommes? A quoi sert de le répéter, si l'on ne montre pas pourquoi et comment la compétition marchande et la recherche de la dominance à tous les niveaux en sont le facteur primordial? Pourquoi et comment celles-ci se sont historiquement établies? Et dans l'ignorance du pourquoi et du comment, peut-on espérer un changement dans le comportement de l'homme de ce XXe siècle finissant?

L'exemple de la science-fiction

La science-fiction tente d'utiliser les notions mises au jour par la science tout court. C'est sans doute pourquoi jusqu'à une époque récente, elle utilisait essentiellement les progrès de la science physique, les notions einsteiniennes sur la relativité de l'espace et du temps, et même, plus récemment, celles de la physique quantique. Elle s'est délectée des possibilités nouvelles ouvertes à l'astronautique. Jusqu'à ces dernières années, la biologie l'avait peu intéressée. Un seul livre de science-fiction inspiré par la biologie a survécu (et Dieu sait s'il le mérite!), c'est *le Meilleur des mondes* d'Aldous Huxley. En d'autres termes, l'imaginaire et les processus associatifs des cerveaux humains ne peuvent travailler que sur des éléments déjà connus ou au moins envisagés, pour conduire le raisonnement jusqu'au fabuleux, au mythique, au fantasmagorique.

La dernière décennie a fourni, avec la génétique, de nouveaux éléments à cet imaginaire. Il n'est pas question de discuter la validité de l'interprétation que font certains auteurs de science-fiction des aperçus fournis par cette science complexe qu'est la génétique moderne. Non plus que des conclusions pour le moins hasardeuses (c'est le rôle de la fiction) qu'elles en tirent. On peut d'ailleurs rétorquer que les fictions élaborées par Jules Verne se sont presque toutes réalisées. Mais c'était encore une science-fiction de la physique. Cependant, que le monde du vivant soit un monde global dans lequel les mécanismes qui régissent la vie des plantes et celle des animaux et des hommes aient des sources communes et que l'on ne connaisse pas toujours très bien la frontière entre les règnes ne peut nous choquer. N'a-t-on pas fait fonctionner des chloroplastes (équivalents végétaux de nos mitochondries) dans des fibroblastes de souris? Le délire est entièrement autorisé par la fiction – la plus étrange, la plus étonnante fiction étant encore l'aspect de ce que nous appelons la réalité que nous tentons de déchiffrer tous les jours.

Ma critique ne s'adressera pas à la fiction en elle-même mais à ce qu'elle paraît avoir fait jusqu'ici des acquis de la génétique. Le comportement de tous ces hommes-fleurs ou hommes-plantes, de ces hommes « biogénétiquement » transformés, avec un Q.I. au-dessus de 200, n'en est pas moins resté tristement celui des hommes du néolithique. C'est toujours le comportement trivial à la recherche de la dominance interindividuelle, intergroupe ou interplanétaire. C'est toujours le même besoin de défendre un territoire, fût-il galactique, le même besoin de la propriété des choses, des êtres, de l'espace et du temps. C'est le même besoin d'avancement hiérarchique, de l'appartenance au groupe privilégié et dominateur. Est-ce cela la fiction ? Il n'y a vraiment pas besoin d'attendre quelque chose de neuf de ces hommes « biogénétiquement » transformés, car le monde dans lequel nous vivons est déjà celui dans lequel ils vivent. Il n'y a pas besoin d'être génétiquement programmé pour appartenir aux classes dominantes; il suffit d'avoir des parents petits-bourgeois et de sortir dans un bon rang d'une « grande école ».

Tant qu'à faire, on aurait aimé que ces êtres du futur aient acquis, grâce à un nouvel appariement ou un nouvel apport génétique, un nouveau comportement social, au lieu de n'exprimer, avec des fleurs poussant au bout des seins, que la socioculture de ceux qui les ont imaginés. La vraie fiction aurait peut-être consisté à imaginer un monde humain ou extraterrestre dans lequel l'apprentissage culturel, les pulsions les plus paléocéphaliques auraient été enfin contrôlés par un cortex imaginant, créateurs de rapports interindividuels nouveaux. La fiction aurait alors consisté à nous montrer comment un être nouveau, dû à la réunion de l'ensemble de ces hommes transformés, pourrait à un nouveau niveau d'organisation, découvrir un autre espace et un autre temps. N'est-ce pas ce qu'a déjà fait l'évolution dans le bond prodigieux qui a accompagné le passage des êtres unicellulaires aux êtres pluricellulaires de plus en plus organisés, jusqu'à l'homme?

Mais ma cellule hépatique ne participe qu'indirectement au discours que je suis en train d'écrire. On peut penser également qu'un excellent conteur de science-fiction ne puisse jamais atteindre ce nouveau niveau d'organisation dans l'histoire humaine, si tant est que celui-ci se réalise un jour, s'il n'est pas déjà en voie de réalisation sans que nous en soyons individuellement conscients.

Certains lecteurs penseront que je suis dénué de toute sensibilité. J'ai déjà eu l'occasion de dire que, pour moi, amateur de poésie, la science en est pleine. Mais il n'y pas que la physique particulaire, la cosmologie et les mathématiques elles-mêmes qui participent à cette poésie de la science. Entre les particules et le cosmos, il y a les sciences du vivant et celles-ci ne se réduisent pas à la génétique. Tous les niveaux d'organisation, de la molécule et du gène à l'ensemble de la biosphère, sont un monde qu'il est enthousiasmant d'explorer. Cette connaissance qui passe par celle du cerveau humain et de son fonctionnement, cerveau capable de se connaître lui-même à chaque niveau d'organisation, permet de deviner même les motivations des écrivains de science-fiction et de comprendre l'enthousiasme de ceux qui les lisent.

Je n'ai pas l'intention de pénétrer dans ce genre de critique qui paraîtrait, avec raison, étroite, stérile, fossilisée, et elle-même dénuée d'imagination. Que les auteurs de science-fiction nous fournissent matière à rêver, à nous dépayser, à interpréter nos craintes, nos envies, nos désirs inassouvis, à nous libérer de nos contraintes sociales. Mais alors qu'on parle de fiction, la science n'a pas besoin de fiction puisqu'elle l'est déjà.

Je n'ai rédigé ce petit intermède que parce qu'il m'a semblé que le sujet était capable d'illustrer le fossé persistant entre les progrès techniques et l'ignorance des bases biologiques et historiques des comportements humains.

***

Où en sommes-nous ? Mais pas très loin en réalité. Si nous limitons notre compréhension aux nucléons et aux électrons, aux forces électromagnétiques, aux atomes et aux molécules, à la structure et au fonctionnement de la machinerie cellulaire, à celle du neurone en particulier, puis à celle du cerveau, nous pouvons comprendre l'action. Nous pouvons comprendre son but. Les mémoires et les langages nous entraînent, à partir de là, dans une histoire de l'homme en situation sociale. Nous pourrons faire un constat à peu près cohérent, à différents niveaux d'organisation purement biologiques, de ce que nous voyons et peut-être regrettons, dans les différents domaines des sciences humaines : psychologie, sociologie, économie et politique, pour ne citer qu'elles. Et puis après ? Il faudra persuader de votre réalité les quatre milliards cinq cents millions d'hommes qui peuplent la planète. Il n'y a aucune raison pour qu'ils soient d'accord. Essayez donc d'aborder en public des questions comme celles de la compétition, du mérite, de la responsabilité, de la liberté, de l'égalité, de l'inné et de l'acquis, de la morale, des droits de l'homme... et du citoyen, de l'affectivité, de l'art, etc. A moins que vous n'ayez du temps à perdre, vous changerez rapidement de conversation, pour vous replier en bon ordre vers des positions reconnues d'avance, comme on dit chez les militaires. Il ne faut pas chercher à convaincre. D'ailleurs pourquoi ne seriez-vous pas vous-mêmes convaincus par les arguments fort logiques qui vous sont opposés ? Parce que vous connaissez le « secret des secrets », sans doute ? Mais un secret, ça ne se divulgue pas. Ça se garde et tant mieux si cela vous aide à vivre. C'est la grâce que je vous souhaite.

Si maintenant nous élargissons notre compréhension aux particules élémentaires, si nous essayons d'entrevoir ce qu'Einstein et Bohr ont voulu dire et ce que l'on a fait depuis, si nous essayons de nous situer tant bien que mal dans le cosmos, en faisant confiance aux astrophysiciens, alors là, c'est sur d'autres problèmes que vous buterez. Vous serez évidemment convaincus que ce cosmos pénètre jusque dans votre vide quantique à vous. La meilleure façon de s'en persuader, c'est de naviguer à la voile, à quarante-huit heures de tout secours prévisible, par une nuit étoilée, sur une mer sans fond comme aurait dit Victor Hugo. Par contre, si la lune est là, bien que « Le soleil ne la voit pas », le fait, grâce à elle, de voir la mer, de la « prévoir » vous sécurise. Alors vous avez le temps de vous laisser couler dans ce bain d'univers limité par votre horizon cosmologique et votre acuité visuelle, et de vous laisser envahir par le monde particulaire et le monde cosmique. Ce n'est qu'une impression, souvent angoissante, rarement réconfortante, parce que malgré tout vous restez un individu. Vous participez, mais comme l'ouvrier qui achète des actions de son entreprise. C'est la direction qui s'occupe de vous. Et cette direction, quelle est-elle? Vous avez beau vous réconforter avec l'holomouvement, essayer de ne pas avoir de représentation, ni d'image, il y a toujours la Grande Ourse et l'étoile Polaire, le bouclier d'Orion, et le W de Cassiopée qui restent des étapes décourageantes dans votre essai de fusion cosmique... Vous avez beau tenter d'oublier tous les niveaux d'organisation qui, de la molécule à votre cerveau, organisent la matière dans le petit Homme que vous êtes, vous n'arrivez pas à rejoindre ce vide quantique qui nous habite et dont l'univers est comblé. Vous restez un être de chair et de sang, de souvenirs et de souffrances, de joies et de désirs.

Cependant vous aurez acquis une notion nécessaire, qui peut se résumer en disant que tous vos apprentissages sont dérisoires. C'est alors que, malgré un dernier bulletin météo optimiste, une houle sans vent se lève dans la nuit. Un apprentissage, justement, vous a montré que dans ce cas, elle précède un vent violent. Il est temps de rentrer de la toile, de prendre quelques ris à la grand-voile et d'établir un tourmentin pour accueillir ce vent, si vous voulez éviter à votre équipage et à vous-même d'utiliser votre engin pneumatique de survie.

Dans votre existence journalière, professionnelle, familiale, c'est dans cet espace, à trois dimensions seulement, rempli peut-être par le vide quantique, mais en tout cas par vos contemporains, que vous devrez agir. Et dans ce cas, le « secret des secrets » peut vous être de quelque utilité en vous évitant de limiter votre action à une approche fragmentaire de ce monde à trois dimensions, approche fragmentaire qui vous conduirait forcément à des erreurs de jugement et à des actions inefficaces. Malheureusement le « secret des secrets » s'il vous souffle à l'oreille la solution de votre problème, vous entraînera le plus souvent si loin que les bras vous tomberont avant d'agir. Alors vous risquez d'agir quand même, comme si vous ne le connaissiez pas, d'agir, sans croire à votre action, mais simplement parce qu'il vaut mieux rentrer de la toile avant la tempête.

7

La fiction de la science

COCKTAIL BIG BOSS

A boire en 10^{-33} secondes pour avoir du Bohm au ventre. Mélanger dans un verre plein de vide, dont on aura préalablement démêlé les supercordes :

– 2 quarks charmeurs
– 1 boson excité
– 1 trait de whisky
– 1 zest de rien
– 1 peu de tout
– 2 doigts de cognac

Agiter dans le sens de l'holomouvement. Chauffer jusqu'à l'élévation de l'âme et goûter le sucré du sacré.

(Attention au trou noir!)

Les Bosons futés.

⁂

Je n'ai pu résister au plaisir de reproduire ce texte, rédigé par les membres du Laboratoire, et qui accompagnait un cadeau d'anniversaire (une bouteille de cognac et une de whisky, de douze ans d'âge bien sûr!), qui m'était destiné. Il montre que l'on peut encore s'amuser avec les grands problèmes posés par la destinée humaine, comme on dit. Rire ou pleurer sont sans doute équivalents dans cette perpétuelle tension vers l'incompréhensible. Même de ce que l'on peut comprendre, l'absurdité des conduites humaines, vaut-il mieux rire ou pleurer? Quand il fait froid, par un hiver rigoureux en particulier, tout dépend de votre fiche de paye à la fin du mois et surtout de la possibilité d'en avoir une.

On parle beaucoup depuis quelques années des intelligences artificielles. Sauront-elles rire ou pleurer? L'homme n'a cessé, depuis l'invention des premiers outils, d'accroître l'efficacité de ses moyens d'action sur l'environnement par un appareillage. Il ne savait pas voler, grâce à l'avion, il vole. Il a su fort bien copier mécaniquement des fonctions dont il était privé anatomiquement. Aujourd'hui ce sont certaines fonctions de son cerveau qu'il copie dans des machines. Il peut copier des mémoires et les rendre plus fiables que la sienne. N'est-ce pas d'ailleurs ce qu'avaient déjà maladroitement réalisé les langages, puis les écrits? Mais comment mémorise-t-on? Nous avons déjà vu que les sensations pénétraient notre système nerveux par des voies séparées et qu'en naissant, nous ne pouvions avoir la notion d'objets, que nous devions construire leurs images en réunissant au niveau central les informations nous arrivant séparément, lorsque nous agissons sur eux. Les images visuelles, par exemple, ne sont pas suffisantes pour la connaissance de l'objet permettant l'action, si elles ne sont pas corrélées avec les sensations tactiles, de l'odorat et de l'audition, voire de la gustation. Ce sont les neurones associatifs qui s'en chargent. Si ces neurones associatifs sont assez nombreux, comme chez l'homme, pour associer différemment de la façon dont ont été imposées par le milieu ces informations sensorielles, un processus imaginaire, créateur d'ensembles n'existant pas dans l'environnement, peut exister. Avec les langages, l'aspect symbolique entre en jeu qui se détache de plus en plus de l'objet concret. Mais surtout la mémoire est motivée; elle n'est pas gratuite. Elle ne retiendra pratiquement que ce qui peut être utile à ce que nous avons appelé l'« information-structure » d'un organisme. L'associativité elle-même sera motivée par toutes les expériences antérieures, agréables ou désagréables.

En partant de ce schéma simpliste, on peut penser que des machines puissent copier des fonctions comme la mémoire et l'associativité. Quelques différences avec les processus nerveux ne seront cependant pas faciles à vaincre. Les « puces » des ordinateurs travaillent de façon séquentielle alors qu'un neurone peut travailler indépendamment des autres à l'intérieur d'un réseau neuronal comprenant des milliards de neurones. Par ailleurs, si la puce peut travailler considérablement plus vite que le neurone, les informations y suivent un parcours linéaire, et au niveau microscopique, alors que le neurone fonctionne au niveau moléculaire et atomique, en réseau.

En d'autres termes, la copie se situe à un seul niveau d'organisation, celui de l'électrogenèse. Or celle-ci ne m'apparaît que comme l'extériorisation grossière de phénomènes biochimiques. Ceux-ci assurent le remaniement constant de la structure du neurone, faisant appel à l'expression variée des informations génétiques codant pour la synthèse de protéines enzymatiques, qui, elles-mêmes, contrôlent l'activité fonctionnelle du neurone. Les puces sont-elles capables de se transformer constamment au niveau moléculaire ?

Mais là ne nous semble pas résider la difficulté fondamentale à réaliser ce que l'on appelle les intelligences artificielles. Il est certain que comme l'avion, elles pourront rendre des services inestimables et encore à peine envisagés à l'homme en copiant certaines de ses fonctions sans doute mieux que lui-même ne les assure. Mais un être vivant n'existe que pour être, nous l'avons dit. Ses actions n'ont qu'un but, réalisé plus ou moins indirectement, mais unique : celui de maintenir son information-structure, de la molécule à l'organisme entier, par niveaux d'organisation. Toutes ses fonctions cérébrales sont motivées, sans qu'il s'en rende compte, sans qu'il en ait conscience, de façon à contrôler ses actions, et donc l'environnement, dans ce but. Le jour où les ingénieurs auront réalisé un robot dont la seule raison d'être sera de maintenir sa structure de robot, de la molécule au robot entier, par niveaux d'organisation, ils auront sans doute réalisé une intelligence artificielle, et non une simple copie de fonctions, plus ou moins sophistiquée. Un robot ne sera jamais intelligent, s'il ne pense pas essentiellement à lui quand il agit. C'est ce qui motive l'invention, l'intuition, l'émotivité, les associations d'idées.

Certaines activités humaines seront sans doute bouleversées par les robots de la énième génération. Mais pourra-t-on les appeler intelligences artificielles, alors que ce qui caractérise l'homme me paraît être plutôt l'*absurdité*. Je ne sais d'ailleurs pas s'il faut s'en plaindre, car c'est dans l'absurde que la conscience humaine prend racine. *Credo quia est absurdum,* a écrit Tertullien.

***

On sait que suivant le premier principe de la thermodynamique, l'énergie ne se perd, ni ne se crée, mais que selon le second principe, elle se dégrade. Cela veut dire qu'elle se transforme d'énergie potentielle, pouvant fournir un certain travail, en énergie cinétique qui n'en est plus capable. Son entropie augmente. Du fait de la ressemblance entre la formule de Shannon de mesure de l'information et celle de l'entropie, on a pu écrire l'égalité de ces deux formules en attribuant un signe négatif à celle de l'information. Nous avons souvent rappelé que, depuis 1948, date du célèbre mémoire de Shannon, l'information est considérée comme une mesure de l'ordre d'un système. Or depuis les travaux de Boltzmann et Gibbs, on peut dire que l'énergie potentielle accompagne un certain ordre de la matière et l'énergie cinétique son désordre. L'énergie cinétique est celle des particules animées de mouvements désordonnés, proportionnelle à la température, nulle au zéro absolu, alors que l'énergie potentielle est liée à un certain ordre. En résumé, lorsque croît l'entropie d'un système, décroît la quantité d'information qu'il contient.

Jusqu'à une date récente, on a décrit l'avenir de l'univers comme aboutissant à son entropie maxima, à son nivellement thermodynamique, du fait de l'application à l'univers du second principe. Le rayonnement fossile à 3 K est la marque de cette entropie progressive de l'univers.

Mais comme Hubert Reeves [1] le signale, il semble que l'expansion de l'univers se fasse à entropie pratiquement constante. Elle ne crée pas d'entropie. « L'ensemble de tous les photons émis par toutes les étoiles ou planètes des innombrables galaxies depuis quinze milliards d'années ne constitue pas plus d'un *millième* des photons qui parcourent l'espace. »

De même nous avons vu pourquoi le nombre de photons par nucléon était si élevé (voir p. 145). Or ce nombre n'a augmenté que d'un pour mille depuis l'époque de l'émission du rayonnement fossile et ce nombre représente une mesure de l'entropie cosmique.

Par ailleurs notre univers est en expansion. A quelle vitesse les galaxies s'éloignent-elles les unes des

1. Hubert Reeves, *op. cit.*, p. 191.

autres? On sait que pour vaincre l'attraction gravitationnelle qui s'exerce sur notre planète, pour mettre un vaisseau spatial en orbite, il faut lui donner une vitesse initiale supérieure à 11 km/s. Si on lui donne une vitesse moindre, il retombe sur la Terre; une vitesse plus grande, il s'éloigne indéfiniment. C'est ce que l'on appelle la *vitesse d'échappement* pour la Terre. Chaque planète, chaque étoile a sa vitesse propre d'échappement. Mais chaque galaxie étant attirée par les autres galaxies, cela ralentit son mouvement. Si elles sont suffisamment rapides les unes par rapport aux autres, elles s'éloigneront indéfiniment les unes des autres. Il s'agira d'un univers ouvert. Sinon elles reviendront un jour les unes sur les autres, et ce sera un univers fermé, s'échauffant à nouveau pour reformer la fournaise initiale.

Actuellement on pense que la vitesse des galaxies est *voisine* de la vitesse d'échappement par rapport à la masse actuellement calculée de l'univers. Plus faible ou plus forte que celle-ci? Elle paraît légèrement supérieure à cette vitesse d'échappement, ce qui signifierait qu'elles vont s'éloigner indéfiniment.

Seulement nous avons signalé qu'il existe une matière obscure capable d'accroître la densité moyenne de l'univers et donc l'attraction mutuelle des galaxies et de renverser l'expansion en contraction. Un cas intermédiaire pourrait exister où la vitesse d'expansion serait égale à la vitesse d'échappement. On aurait affaire à une *densité critique.* Les galaxies ralentiraient leur vitesse progressivement sans jamais revenir au point de départ.

On a calculé que cette densité critique serait de

10 nucléons par mètre cube, et certainement inférieure à 20 nucléons par mètre cube, car, supérieure à cette densité limite, on observerait une décélération des galaxies. Le calcul montre, semble-t-il, que notre univers est à peu près à la densité critique. Et nous retrouvons la courbure de l'espace-temps : pour un univers dont la densité est supérieure à la densité critique, la courbure est positive, comme celle d'une sphère dans un espace à trois dimensions. Pour un univers à densité inférieure à la densité critique, la courbure est négative. Enfin dans le cas d'une vitesse d'expansion égale à la vitesse d'échappement, la courbure est nulle. Il semble donc que la géométrie actuelle de l'univers soit pratiquement plane, peut-être encore légèrement négative.

Ainsi les astrophysiciens nous proposent deux scénarios différents pour envisager la « fin du monde ». Dans l'un, si l'univers contient suffisamment de matière, l'expansion s'inversera en contraction : le décalage spectral passera du rouge au bleu (prévenez-moi le jour où vous vous en apercevrez!). L'univers va se rétrécir en une « singularité ». L'élévation de température sera telle que les galaxies, les étoiles, les atomes vont se dissoudre en noyaux et rayonnement, puis les noyaux en protons et neutrons, eux-mêmes désorganisés par libération de leurs quarks, qui réagiront librement avec les leptons. Il y aura d'abord plus de quarks que d'antiquarks, puisque c'est ce qui existera au départ du fait de l'asymétrie actuelle entre matière et antimatière. Mais aux approches de la singularité, on va revoir apparaître (c'est une façon de parler) les bosons X qui vont corriger le déséquilibre entre quarks et antiquarks et rétablir la symétrie originelle jusqu'à la gravitation quantique 10^{-43} s avant la singularité. Là je vous abandonnerai. Remarquez que si tout cela arrive, ce ne sera pas, nous dit-on, pour nous rassurer, avant *au moins* dix milliards d'années. Ce n'est donc pas, suivant l'expression populaire, demain la veille.

Dans l'autre scénario, dans dix milliards d'années, l'énergie solaire sera presque épuisée. Alors le Soleil se dilatera jusqu'à englober l'orbite terrestre. Selon Silk et Barrow, notre Soleil et planètes associées seront expulsés de la Voie lactée après 10^{19} ans. Toutes les étoiles dans les galaxies se seront réfugiées dans les trous noirs galactiques après 10^{24} ans. Mais après 10^{32} ans, protons et neutrons auront été désintégrés. Il ne restera que les leptons, le rayonnement photonique et les trous noirs qui s'évaporeront doucement. Ils seront totalement évaporés après 10^{100} ans, ne laissant que des singularités nues.

Mais les astrophysiciens ne sont pas désespérés de cette évolution qui peut paraître, à beaucoup, catastrophique. Non, il suffira que l'on trouve une source d'énergie, et celle-ci peut se trouver tant qu'il existera des écarts à l'uniformité de la température. C'est déjà l'écart de température entre le Soleil et la Terre qui a permis l'apparition sur celle-ci des formes vivantes. Et pour ces astrophysiciens, l'anisotropie dans l'expansion cosmique, les trous noirs en évaporation et les singularités résiduelles sont des facteurs d'espoir. D'ailleurs, quand la température s'approchera du zéro absolu, nous appellerons la théorie quantique à la rescousse. Avec elle, nous ne serons jamais sûrs (principe d'incertitude) que cette mort thermique aura lieu. « Dans un futur quantique infini, tout ce qui peut arriver finira bien par arriver » (Silk et Barrow).

A ceux que ces fictions de l'astrophysique passionnent, je conseille la lecture du remarquable livre de J. Heidmann qui en décrit un certain nombre avec beaucoup de prudence et de... relativité. Pour lui, aucune loi de la physique actuellement connue n'empêche de concevoir une survie jusqu'à 10^{32} ans. L'énergie ne manquera pas (malgré la crise du pétrole), non plus que le support matériel des nucléons. On peut donc être optimiste. Il rapporte l'opinion de Dyson pour lequel des formes de vie, vraisemblablement non biologiques (?), peuvent persister indéfiniment dans un univers en expansion indéfinie. Dyson écrit (cité par J. Heidmann) : « J'ai trouvé un univers grandissant sans limites en richesse et en complexité, un univers de vie persistant pour toujours et le faisant savoir à ses voisins par-delà des étendues inimaginables d'espace et de temps. »

A nous faire regretter d'être venus trop jeunes dans un monde pas assez vieux (pour paraphraser « le poète », comme on dit).

Mais l'hypothèse la plus éblouissante, je pense, est celle d'E. P. Tryon, rapportée par J. Heidmann [1]. Le cosmos pour cet auteur pourrait être sorti de *rien*. Cette opinion formulée par Tryon en 1973 se base sur les constatations suivantes : la charge électrique

1. J. Heidmann, *op. cit*, p. 56.

totale de l'univers est nulle, la rotation sur eux-mêmes des différents corps célestes est sans ordre et le résultat global est nul. Mais surtout l'énergie totale de l'univers serait nulle car son énergie gravitationnelle compense son énergie non gravitationnelle. On en arrive à cette conception troublante : « L'univers, sans charge, sans rotation, sans énergie, pourrait provenir de rien, ce rien étant lui aussi sans charge, sans rotation, et sans énergie. »

Mon Dieu, pourquoi faut-il que j'aie mal aux dents ?

Notons cependant que le vide symétrique dont nous avons parlé n'est pas rien. Bien que vide, il possède des propriétés spécifiques encore mal précisées. Mais de nombreux astrophysiciens sont obligés de constater que l' « univers ne possède aucune quantité devant se conserver qui puisse le distinguer du vide ». On peut donc penser qu'il a commencé à partir de rien.

Voilà sans doute la véritable égalité, celle des immortels principes. Ce que nous sommes, il faut aller le chercher au début de l'univers, et nous apprenons enfin que nous sommes sortis de rien. Mais alors l'holomouvement de Bohm, que devient-il dans cette histoire ? A quel moment 10^{-x} s est-il apparu ? J'aimerais le savoir avant de prendre contact avec lui. Cela m'éviterait d'être obligé de rejoindre dans quelques années ce qui se passait avant le temps de Planck. Est-ce que j'y parviendrais mieux si j'étais issu de la fécondation d'un ovule de femme surdouée par un spermatozoïde de prix Nobel ? Dans cette histoire de fous, vous êtes pour l'inné ou pour l'acquis, monsieur ?

Conclusions

J'ai tenté de mettre en ordre, de façon simpliste, à la hauteur de ma propre compréhension, l'abondante moisson d'images que la physique et l'astrophysique contemporaines nous ont apportée.

Que me reste-t-il à me raconter le soir à la veillée d'une longue vie, soit devant le feu de bois qui crépite dans la cheminée, à la campagne, soit sous la lumière halogène de ma lampe de bureau ? Vous voyez, je m'adresse à moi, car je ne suis pas sûr que la collection de faits et d'idées que j'ai rassemblés dans ce livre puisse vous intéresser. Vous auriez d'ailleurs pu, si vous en aviez eu le temps, les recueillir aux sources où j'ai été les prendre. Ma vie professionnelle me donne la joie, entouré d'un certain nombre d'amis, de participer à une recherche expérimentale nous permettant parfois de découvrir des faits nouveaux, des relations encore ignorées au milieu de nos électrons et de nos nucléons.

Aujourd'hui je me suis confié à la recherche des autres, et je leur ai fait confiance, sans jugement critique de ma part, du fait de mon ignorance et de leur savoir.

J'espérais que ce que je sais, ou crois savoir de l'homme me permettrait de mieux le situer dans cet univers tout nouveau et qui nous laisse pantelants d'admiration. Si cette fresque a quelque peu entamé mon individualisme, elle aurait dû en même temps exalter mon humanisme. Le seul fait de se sentir seul dans ce cosmos angoissant devrait pousser les hommes à se serrer les uns contre les autres, à considérer tout homme comme un ami et comme un malheureux prisonnier qu'il est et comme chacun de nous l'est. Mais il est plus facile de professer en paroles un humanisme de bon aloi, que de rendre service à son voisin de palier. De plus une action humaine n'est jamais gratuite et quand on croit connaître les mécanismes fondamentaux des comportements humains, on peut toujours déceler un égoïsme biologique et trivial dans toute action en apparence désintéressée. De ce point de vue, la biologie comportementale, de la molécule à la psychosociologie, est assez cohérente avec elle-même.

Mais c'est en cela qu'une conscience cosmique, si elle reste présente et agissante profondément en nous, devrait permettre de nous sortir de notre niche environnementale si étroite, si guindée, et si triste au fond. Et cependant j'ai l'impression que je suis en train de rédiger un sermon pour les fidèles réunis à la messe dominicale. Comment suffisamment sortir de soi, comment se mêler au monde humain et au monde cosmique, si l'on songe à son salut personnel, à la conquête marchande de son éternité ? Et cela aussi bien quand on est un « fou de Dieu » allant à la mort pour Allah, mais d'abord pour soi, que lorsque l'on verse son obole au denier du culte, pour faire la charité et son salut.

L'affectivité est louée comme une qualité indispensable. Dans certains cas, on dira : c'est un être sensible, c'est un poète, c'est un artiste... Elle sera considérée comme dégradante dans d'autres cas, suivant que le groupe social y trouve ou non un moyen de cohésion, de soumission à ses normes, de reconduction de ses jugements de valeur.

Il y a encore des partisans de la peine de mort. Ce n'est pas une angoisse cosmique qui les étreint, ceux-là, mais l'angoisse de perdre ce que contient leur espace gratifiant étriqué.

N'est-ce pas la propriété individuelle des choses et des êtres, dont il est facile de montrer qu'elle n'est que le résultat d'un apprentissage, d'un automatisme culturel, qui crée en retour l'agressivité contre elle ? Cellc-ci va provoquer un sentiment d'insécurité chez ceux qui possèdent, et ils défendront leur propriété en s'abritant derrière la force de la loi, considérée comme juste, équitable, puisqu'elle répond à ce qu'on appelle un « droit légitime ». Il faudra punir les méchants car les bons sont ceux qui possèdent. J'ai remarqué d'ailleurs que ce sont les mêmes, qui le plus souvent sont à la fois partisans de la peine de mort et adversaires de l'avortement. Il est vrai qu'un embryon ne peut rien prendre à celui qui possède, il n'est donc pas générateur d'angoisse, si ce n'est pour le couple dont il est issu. D'ailleurs, on parle de droit à la vie (« Laissez-les vivre »), mais jamais du droit à la non-existence. L'existence est-elle, également pour tous, agréable à vivre ? Est-ce vous qui avez décidé de naître ? Non, sans doute, mais ensuite, débrouillez-vous, même si vous naissez au Sahel en période de famine. J'ai tort d'ailleurs d'aborder ce type de problème, car notre existence journalière en rencontre des milliers d'autres, dont on ne pourrait que sourire s'ils n'aboutissaient souvent à la souffrance et à la mort.

Une angoisse cosmique ne peut que rendre ridiculement ineptes nos petits problèmes journaliers dans notre petit espace d'intérêts particuliers. Une angoisse cosmique ne peut se rétrécir au niveau de notre individu, et débouche forcément sur une interrogation posée à tous les hommes. Mais alors elle ne doit pas s'arrêter en chemin et se fixer sur l'intérêt de l'idéologie d'un sous-ensemble humain. La biologie comportementale nous avait déjà conduits à émettre cette opinion. Il est satisfaisant de constater que la physique des particules et l'astrophysique nous mènent par d'autres chemins, qui, on le sait, mènent tous à Rome, à la Rome d'un humanisme qui ne peut plus être celui de grand-papa, tout bourgeonnant de son acné bourgeoise ou prolétarienne.

Mais si votre acné cosmique entre en conflit avec les précédentes, que faire ? J'aurais mauvaise conscience à vous conseiller la fuite. La fuite physique, vers une île isolée du Pacifique Sud, une île qui ne serait pas encore envahie par les marchands (je ne sais pas s'il en reste), ou la fuite dans l'imaginaire de la poésie, de la musique, de l'art en général, ou de la science, si vous n'êtes pas tenté par la fuite dans la psychose (ce qui pourrait vous arriver sans vous en douter) ou dans le suicide. Cependant si chacun de nous appliquait ce conseil, nous ne ferions, au niveau d'organisation humain, que reproduire le modèle que nous propose l'univers en expansion. Les galaxies ne fuient-elles pas ? Sans doute, pour elles aussi, bien que constituées en amas, superamas, etc., la vie en commun présente-t-elle des moments difficiles ?

En dehors de la fuite, il ne vous restera plus que les trous noirs des conformismes, agglomérés par la force mimétique, déjà fort bien étudiée par les moutons de Panurge, bien que non encore introduite dans la Grande Unification. Vous n'en sortirez plus jamais à moins que vous ne participiez à leur évaporation. Mais pour cela il faudrait que vous parcouriez, en sens inverse, tous les niveaux d'organisation des sociétés humaines et que vous parveniez, particule virtuelle, à trouver aveuglément votre route à l'horizon du trou noir.

***

Je ne voudrais pas terminer sur cette note que certains pourraient juger assez pessimiste. Au fond, il ne faut peut-être pas trop envier les mystiques, qui semblent avoir trouvé le grand tout et s'être libérés une fois pour toutes de nos particules, quelle que soit la forme, galactique ou humaine, dans laquelle elles s'associent. De toute façon, nous savons bien que ces particules ne sont que des modèles explicatifs de notre monde, et rien de plus. Mais que reste-t-il à chercher, pour un mystique, puisqu'il a trouvé ?

Puisqu'il ne peut plus parler, sentir, imaginer sans en sentir le ridicule. Puisqu'il ne sait plus ce qu'est l'angoisse.

Pendant que l'on cherche à comprendre, le temps passe et la vie avec lui. Qu'est-ce qui est préférable, être dans un temps et un espace à trois dimensions, même si l'on sait que c'est un leurre, ou hors du temps et de l'espace, ce qui ne vous libère pourtant pas de l'obligation de vous nourrir de nourritures terrestres ?

Le mot « Amour », si suspect (je m'en suis expliqué ailleurs [1]), ne signifie-t-il pas simplement vivre, vivre avec *tous* les autres ? Ne serait-il pas le sésame du « secret des secrets », parce que simplement il construit et s'oppose à la haine qui détruit ? Mais attention, n'utilisez pas la symbolique du mot en dehors de la définition que je viens d'en donner, car il risque de devenir aussi destructeur que la haine. Je n'ai sans doute pas besoin de vous fournir des exemples. Il suffit que vous l'appliquiez à un seul niveau d'organisation pour en trouver. Il y a eu plus de crimes perpétrés au nom de l'Amour de la patrie, de l'Amour de Dieu, de l'Amour des hommes, de l'Amour sexuel, de l'Amour parental ou filial, de l'Amour des choses, de l'Amour du jeu, de l'Amour de la justice, du droit, de l'égalité, de l'Amour des animaux (y a-t-il des êtres plus cruels que ces amis des bêtes qui font châtrer et tiennent en laisse leurs « chers compagnons » ?), de l'Amour de la gloire, de l'argent, de la domination, du chef inspiré et providentiel, etc., qu'au nom de la haine, qui a cependant plus mauvaise presse.

1. Dans *Éloge de la fuite*, R. Laffont et Folio/Gallimard, 1976.

C'est peut-être pourquoi les mystiques, dont nous avons dit les difficultés qu'ils ont à s'exprimer dans un langage, affectionnent ce mot « Amour », car ils entassent dans son espace sémantique tous les niveaux d'organisation. Ils ne font pas de détail. Ce sont en quelque sorte les vrais antiréductionnistes.

Cependant, ne nous inquiétons pas prématurément! Le progrès constant de l'industrie, automobile en particulier, restera encore longtemps un des buts essentiels de la destinée humaine. La traversée du Sahara n'est-elle pas une de ces épreuves gigantesques montrant les qualités morales de courage, d'abnégation, d'intelligence subtile, auxquelles certains rejetons de notre espèce, les battants, les leaders, les fonceurs, hommes et... femmes vraiment viriles, sont parvenus? Les vrais héros, ce sont eux. Depuis Hercule, l'évolution a bien travaillé.

***

Quand je regarde un jet d'eau, j'ai l'impression de nous voir dans un miroir. Une différence existe cependant : la plus belle femme du monde sera toujours moins belle qu'un jet d'eau. Mais qu'est-ce que la beauté ?

Glossaire

Année-lumière (ou *de lumière*) : distance parcourue par les rayons lumineux en une année à la vitesse de 300 000 km à la seconde, soit 9,46 × 10^{15} mètres.

Antimatière et antiparticule : particule dont la masse et le spin sont semblables à ceux d'une autre particule, mais dont d'autres propriétés, comme la charge électrique, le nombre baryonique et leptonique, sont de valeurs égales et opposées. Toute particule est associée à une antiparticule et quand elles se rencontrent, elles s'annihilent en fournissant un rayonnement.

Baryons : particules élémentaires, tels le proton et le neutron qui participent aux interactions fortes.

Big bang : origine de l'univers dans un modèle où la matière, l'espace et le temps sont en expansion à partir d'un état initial, appelé singularité, de densité et de pression infinies.

Bosons : classe de particules dont le spin a une valeur entière, tels les photons et les bosons X, W, Z.

Boson X : particule très massive prévue dans les théories de la Grande Unification. Elle permettrait la transmutation entre les quarks et les leptons. Elle pourrait être le médiateur de la désintégration du proton.

Brisure de symétrie : changement brusque dans l'état d'équilibre d'un système, transformant la symétrie de l'état initial.

Constante de Planck : elle est désignée par *h*. C'est la constante fondamentale de la théorie quantique.

Corde : configuration d'énergie filiforme qui a pu apparaître dans les premiers instants de l'univers. Elle aurait un diamètre de seulement 10^{-27} cm, mais une masse de 10^{17} soleils qui s'étendrait à la totalité de l'univers observable.

Couleur : propriété attribuée aux quarks. L'interaction forte agit sur des particules ayant une charge de couleur. Ce sont les quarks et les gluons.

Deutérium : isotope lourd de l'hydrogène. Son noyau est composé d'un proton et d'un neutron.

Effet Doppler : variation de la fréquence du rayonnement d'une source en mouvement pour un observateur fixe. Quand la source se rapproche, les fréquences sont décalées vers le bleu, et quand elle s'éloigne, décalées vers le rouge.

Électron : particule élémentaire massive la plus légère sans structure interne, semble-t-il, et chargée négativement.

Fermions : classe de particules ayant une valeur demi-entière du nombre d'unités fondamentales de spin, comme l'électron, le proton, le neutrino.

Entropie : le deuxième principe de la thermodynamique (principe de Carnot) nous apprend que le passage d'une forme d'énergie à une autre procède de telle façon que l'énergie totale capable de produire le travail diminue. Cela parce que l'énergie se présente sous deux formes : l'énergie cinétique qui est celle des molécules animées de mouvements désordonnés, proportionnelle à la température, nulle au zéro absolu, et l'énergie potentielle qui peut être utilisée pour produire de l'énergie cinétique et qui se présente sous des formes variées, de position, électrique, calorique, chimique, lumineuse.

Le deuxième principe nous apprend qu'il existe une hiérarchisation de l'énergie selon sa capacité d'utilisation pour produire du travail; un système caractérisé par un haut niveau d'énergie potentielle évolue de façon que ce niveau s'abaisse jusqu'à une valeur inférieure par sa transformation en énergie cinétique, forme dégradée de l'énergie.

Depuis les travaux de Boltzmann, Maxwell et Gibbs on peut exprimer ce phénomène en disant que l'énergie potentielle accompagne l'ordre et l'énergie cinétique le désordre, ou en d'autres termes que l'énergie potentielle est plus chargée d'informations que l'énergie cinétique. L'énergie évolue vers l'état le plus probable et le second principe de la thermodynamique est devenu un principe statistique. Il aboutit à la notion d'entropie. L'entropie d'un système isolé ne peut aller qu'en augmentant. La nég-entropie, inverse de l'entropie, se caractérise alors par l'apparition d'un ordre croissant.

Gluon : particule de masse nulle mais possédant une charge de couleur. Les quarks interagissent en échangeant des gluons.

Graviton : boson non encore découvert et médiateur des interactions de gravitation. Il aurait une masse nulle et un spin de 2 $h/2$ M.

Hadrons : particules participant aux interactions fortes. Ils sont composés de quarks et se divisent en baryons (qui sont des fermions) et mésons (qui sont des bosons).

Hélium : élément dont il existe deux formes isotopes stables : He^4, fait de deux protons et de deux neutrons dans son noyau, et He^3, qui n'a qu'un seul neutron et deux protons. Le He^4 est la particule alpha de la désintégration radioactive. Il constitue le quart de la masse de l'univers.

Inflation de l'univers : période autour de 10^{-35} s de son origine, pendant laquelle l'expansion a été violemment accélérée par une transition de phase.

Interaction faible : entre les particules élémentaires. Elle possède une portée très courte (10^{-15} cm) et elle est responsable de la radioactivité.

Interaction forte : de portée très courte (10^{-13} cm), mais est responsable de la cohésion des noyaux et affecte les hadrons. Elle n'agit donc pas sur les leptons ni les photons, mais sur les quarks et les gluons possédant une propriété de couleur.

Leptons : particules élémentaires ne participant pas aux interactions fortes (comme l'électron, les neutrinos, etc.). Elles ne paraissent pas posséder de structure interne. Le nombre leptonique est le nombre total de leptons diminué du nombre d'antileptons.

Muon : particule élémentaire de la classe des leptons de même charge électrique que l'électron, de masse 200 fois plus importante.

Neutrinos : particules électriquement neutres participant aux interactions faibles et gravitationnelles. Il en existe plusieurs sortes. Ce sont à la fois des leptons et des fermions.

Neutron : particule de charge électrique nulle mais de masse 1 838 fois plus grande que l'électron. C'est un fermion et un baryon qui participent aux interactions forte, faible et gravitationnelle.

Nombre baryonique (d'un système) : c'est la somme des baryons moins le nombre d'antibaryons.

Nucléon : composante du noyau atomique, protons et neutrons.

Photon : particule associée à la lumière. C'est un boson de masse nulle, médiateur des interactions électromagnétiques entre particules chargées électriquement.

Positron : antiparticule de l'électron, dont la charge électrique est positive.

Proton : particule de charge positive, composante du noyau atomique dont la masse est 1 836 fois celle de l'électron. C'est un fermion et un boson, participant aux interactions forte, faible, électromagnétique et gravitationnelle. Ils sont composés de trois quarks.

Quarks : particules élémentaires composant les hadrons. Ils ont une charge de 1/3 ou 2/3 de l'électron et possèdent les propriétés de couleur.

Quasars : objets astronomiques ressemblant aux étoiles mais en émettant une énergie plusieurs milliards de fois plus grande. Ils montrent un décalage vers le rouge élevé.

Rayons gamma : photons de très haute énergie (de très courte longueur d'onde).

Rayons X : rayons de courte longueur d'onde, les plus pénétrants après les rayons gamma.

Spin : propriété des particules élémentaires qui décrit leur état de rotation. Les particules à spin entier sont des bosons et à spin demi-entier, des fermions.

Supernova : explosion d'une étoile, au cours de laquelle les parties externes sont éjectées et le noyau comprimé. Elle libère en quelques jours plus d'énergie que le Soleil en un milliard d'années.

Temps de Planck : temps de 10^{-43} s où la théorie de la relativité générale doit être améliorée pour inclure la théorie quantique.

Théorie quantique : théorie dans laquelle tout objet présente à la fois des propriétés ondulatoires et corpusculaires. Toute onde est associée à une particule, son quantum.

Transition de phase : passage discontinu d'un état d'équilibre à un autre, comme dans le cas de l'eau, la glace, la fusion, la vapeur. Les particules élémentaires peuvent connaître aussi des transitions s'accompagnant de changement de symétrie et d'énergie.

Cet ouvrage a été réalisé sur
Système Cameron
par la SOCIÉTÉ NOUVELLE FIRMIN-DIDOT
Mesnil-sur-l'Estrée
pour le compte des Éditions Grasset
le 6 août 1987

Imprimé en France
Dépôt légal : septembre 1987
N° d'édition : 7374 – N° d'impression : 6910
ISBN : 2-246-39801-0